AF391811

LES MÈRES

DES GRANDS HOMMES

SOCIÉTÉ ANONYME D'IMPRIMERIE DE VILLEFRANCHE-DE-ROUERGUE

Jules Bardoux Directeur.

LES MÈRES

DES

GRANDS HOMMES

PAR

MAURICE BLOCH

AGRÉGÉ DES LETTRES

DIRECTEUR DE L'ÉCOLE BISCHOFFSHEIM

PARIS

LIBRAIRIE CH. DELAGRAVE

15, RUE SOUFFLOT, 15

—

1885

A Monsieur Arsène *DARMESTETER*

PROFESSEUR A LA FACULTÉ DES LETTRES DE PARIS

LES
MÈRES DES GRANDS HOMMES

INTRODUCTION

I

LES GRANDS HOMMES ET LEURS MÈRES

« Tel père, tel fils, » dit le vieux proverbe. Combien ne serait-il pas plus juste de dire : « Telle mère, tel fils. » C'est surtout quand il s'agit des hommes supérieurs que cet adage rencontre de nombreuses applications. On l'a dit bien souvent, et avec raison : « Les grands hommes tiennent de leurs mères. » C'est cette vérité, maintes fois proclamée déjà, que nous voulons confirmer par de nombreux exemples. Nous avons pris dans les temps anciens comme dans les temps modernes, et nous avons choisi parmi les esprits les plus divers, orateurs, poètes, savants, généraux, hommes d'étude et hommes d'action, gens de lettres et gens d'épée.

Les petites biographies que l'on trouvera dans ce recueil montreront une fois de plus que l'éducation dirigée par la

mère produit les résultats les plus heureux et les plus féconds. Elles montreront aussi que ces mères, qui ont su
former des grands hommes, étaient les unes remarquables
par la culture de l'esprit, la puissance de l'intelligence, la
facilité au travail, la prompte conception ; les autres, par
la force de la volonté, la grandeur du caractère, l'élévation
de l'âme. On peut affirmer d'une façon générale (et nous
le démontrons par le seul exposé des faits) que chez toutes
les femmes dont les fils ont porté un nom illustre, il y a
toujours eu quelque chose de supérieur, soit dans l'esprit,
soit dans le caractère. Elle n'est donc pas une exception
cette Cornélie, mère des Gracques, qu'on a tant vantée et
tant citée en exemple. Ce ne sont pas des âmes vulgaires
ni des esprits communs que les mères des Marc-Aurèle,
des Bayard, des Cuvier, des Schiller, des Mendelssohn,
des Chateaubriand, des Littré, des Michelet, et de tous
ceux qu'on trouvera mentionnés dans nos petits récits.

Une remarque importante : là où la mère a manqué et
où l'enfant est néanmoins devenu un grand homme, il y a
toujours eu l'action bienfaisante et l'influence salutaire de
la femme. C'est alors une grand'mère, c'est une tante,
c'est une marraine, à qui il a été donné de jouer le rôle de
seconde mère. Nous en avons rapporté des exemples inté-
ressants avec Racine, Bernardin de Saint-Pierre, Béranger,
l'historien anglais Gibbon.

II

DE LA RECONNAISSANCE DES GRANDS HOMMES
ENVERS LEURS MÈRES

On a dit bien souvent que les grands hommes tiennent de leurs mères. On pourrait dire, non moins justement, que les grands hommes de toutes les époques, même les plus différents par l'esprit et le caractère, ont un point commun de ressemblance : la piété filiale, surtout la piété envers leurs mères. Tous ont voulu, ce semble, associer à leur gloire celle qui avait veillé sur leur enfance, et prouver par leur reconnaissance combien ils devaient aux soins et à l'éducation première. En parlant ainsi nous n'avons pas seulement en vue le poète au cœur tendre et sensible; mais le pamphlétaire amer, le chansonnier moqueur, le philosophe austère, le savant, le guerrier, chacun professe un culte pour sa mère. Si donc l'éducation maternelle fait les hommes supérieurs, elle leur donne encore, comme cachet particulier et trait bien caractéristique, la vive reconnaissance, le pieux respect et le profond attachement.

C'est un mot bien touchant que celui d'Épaminondas, le héros thébain, le vainqueur de Leuctres, qui disait que son plus grand plaisir était d'avoir remporté la victoire du vivant de son père et de sa mère. Tout aussi belle est la réponse d'Alexandre le Grand, quand sa mère Olympias était accusée par Antipater qu'il avait laissé comme gouverneur de la Macédoine, à son départ pour l'Asie : « Dix mille lettres pareilles, disait le conquérant, sont effacées par une seule larme de ma mère. » Le grand empereur Marc-Aurèle rendait grâce aux dieux d'avoir pu entourer de soins la vieillesse de sa mère. Nous savons, par l'historien Éginhard, que Charlemagne garda sa mère auprès de lui et qu'il lui témoigna la plus grande vénération. « Jamais, dit le biographe, il ne s'éleva entre eux le moindre nuage. » Saint-Simon et Buffon n'ont parlé de leurs mères qu'avec respect et reconnaissance. Les deux Corneille prodiguaient leurs soins à leur mère et vivaient près d'elle. Qui donna une plus grande preuve de respect et d'attachement que le poète Millevoye? Invité à dîner chez le chancelier Cambacérès, il refusait, prétextant qu'il était déjà retenu : « Où donc? chez l'empereur? répliquait le puissant chancelier. — Non, chez ma mère. » Le chansonnier Béranger, élevé par une tante de province qui lui tint lieu de mère, trouve des accents bien touchants quand il évoque le souvenir de la brave femme qui prit soin de lui. Le comte J. de Maistre écrivait de Saint-Pétersbourg : « Je songe à ma mère et je pleure comme un enfant. »

Le fameux compositeur Mendelssohn donna aussi une preuve frappante de sa piété filiale. La première fois qu'il dirigea l'orchestre après la mort de sa mère, il dut s'arrêter et quitter la salle du concert pour donner libre cours à ses larmes. Le poète allemand Schiller se montra aussi un fils plein de tendresse et de respect. Sa mère parlait avec la plus vive émotion des pieux soins dont il l'entourait, et elle le bénissait avant de mourir. L'historien Michelet ne pouvait parler de celle qui veilla sur son enfance « sans que sa voix ne s'altérât et que les larmes ne lui vinssent ». Qu'on lise ses souvenirs de jeunesse, et l'on verra en quels termes il s'exprime sur le compte de sa « pauvre maman ».

N'avons-nous pas le droit de conclure après tout cela que la reconnaissance envers leurs mères est une des premières qualités des hommes supérieurs, et que par cela même ils avouent quelle part ont prise à leur éducation celles qui les ont mis au monde? Sans doute ils pouvaient dire avec le grand historien que nous venons de nommer : « J'ai perdu non seulement une mère, mais une amie, un exemple, un encouragement au devoir. »

III

GRANDS HOMMES DÉTOURNÉS DE LEUR VOCATION PAR LEURS PÈRES, ET SOUTENUS OU FAVORISÉS PAR LEURS MÈRES

C'est encore un fait digne d'attention que le père ne saisit pas toujours les secrètes inclinations de son enfant, et qu'il veut forcer parfois ce qu'on est convenu d'appeler la vocation. L'un se proposera de faire un simple commerçant d'un fils qui a la passion des lettres ; l'autre poussera aux études théologiques un esprit merveilleusement doué pour les sciences naturelles. Dans ce cas l'enfant est rebelle à l'éducation qu'on lui impose, et cette rébellion, tantôt secrète, tantôt ouverte, est soutenue par la mère. C'est elle qui devine les goûts, les aspirations de celui qui sera le grand homme ; c'est elle qui a le pressentiment de sa gloire future ; c'est elle qui a pour lui l'ambition et le désir de s'élever. Combien de grands hommes ne seraient pas devenus tels s'ils n'avaient trouvé dans leurs mères un appui et une protection pour triompher de la mauvaise volonté d'un père, rempli d'affection, il est vrai, mais trop entêté de ses projets ! Pic de la Mirandole, l'homme le plus savant de son époque, était un objet de mépris pour son père et ses frères, tous gens d'armes et occupés aux violents exercices de la guerre ; mais l'enfant, toujours son livre à la main, était l'orgueil de sa mère et trouvait sa seule consolation auprès d'elle. Jacques Amyot, un des lettrés dont la France du seizième siècle s'honore le plus, était venu à Paris pour étudier, malgré la volonté d'un père qui lui avait même défendu le retour dans la maison paternelle ; si l'enfant put vivre à Paris et y poursuivre ses études, ce fut grâce à sa mère qui lui envoyait toutes les semaines un gros pain par les bateliers de la Marne. Le père du fameux naturaliste Linné voulut faire de son fils un théologien, et lui défendit d'herboriser, le menaçant même de lui brûler tous ses cahiers d'histoire naturelle. Il l'avait même à un moment mis en apprentissage chez un savetier. Chose touchante ! la mère du petit savant se levait le matin à deux heures pour préparer le déjeuner de l'enfant, et lui permettre de courir dans les champs et d'étudier pendant que le père dormait encore. Elle s'assurait qu'il avait des vêtements bien chauds, puis l'envoyait satisfaire ses goûts pour l'herborisation, en lui

recommandant d'être rentré le matin à six heures pour reprendre ses livres de théologie, sous la direction de son
père ! Le critique Marmontel rapporte dans ses *Mémoires*

Linné.

que son père voulait faire de lui un commerçant ; c'est
grâce aux instances de sa mère que l'enfant fut envoyé au
collège. Le père de Bernardin de Saint-Pierre désespérait de
son fils et désirait lui faire interrompre ses études ; ce furent

les vives sollicitations de la marraine de l'enfant qui fléchirent l'obstination paternelle. Le grand poète Gœthe,
dans sa jeunesse, avait la passion du théâtre; lors du séjour
des Français à Francfort, il ne manqua pas d'aller voir
jouer les chefs-d'œuvre de nos grands classiques; son père
lui faisait des reproches et lui disait qu'il dépensait l'argent
inutilement; mais la mère était toujours prête à prendre la
défense de son fils, et même à l'excuser lorsqu'il arrivait en
retard pour le dîner, chose assez fréquente. — C'est encore
grâce à sa mère que Chateaubriand apprit le grec et le latin; c'est la mère de Ducis qui engageait le poète à faire
des vers, alors que le père avait défendu un pareil exercice.
C'est la mère de Diderot qui envoyait en secret de l'argent
à son fils, alors à Paris, mais brouillé avec son père, parce
qu'il ne voulait pas étudier le droit. Le père de Beethowen,
qui surveillait les études de son fils, s'y prit si maladroi-
tement qu'il faillit jeter à tout jamais le grand compositeur
hors de sa voie; ce fut la mère qui le ramena dans le bon
chemin. Le romancier Balzac regardait son père comme
« un censeur étranger à ses impressions ». Le roi de Prusse
Frédéric II, qu'on a surnommé le grand Frédéric, se trouva
en opposition continuelle avec son père, qui contraria tous
les goûts de l'enfant et du jeune homme, et traversa toutes
ses inclinations. Le jeune prince ne trouvait d'appui et de
consolation qu'auprès de sa mère, la princesse Dorothée,
qui fut célèbre par son esprit et sa beauté. C'est d'elle que
tenait assurément celui qui appela Voltaire à sa cour et
qui fut surnommé ironiquement, par son père, un bel esprit
français.

On pourrait multiplier les exemples. Je n'en citerai plus

que deux, parce qu'ils prouvent de la façon la plus éloquente ce que nous venons d'avancer : saint Augustin et saint Jean Chrysostome, ces deux grands prédicateurs qui furent mis au rang des Pères de l'Église, eurent l'un et l'autre un père païen et une mère chrétienne.

LES GRACQUES

C'est par le nom bien connu de Cornélie, mère des
Gracques, que nous commençons la série de nos biographies. Il est, pour ainsi dire, proverbial ; il est synonyme
de tendresse aussi bien que de fierté et de dignité maternelles.

Cornélie appartenait à la famille Cornélia, l'une des
plus anciennes familles patriciennes de Rome et qui produisit plus d'hommes célèbres qu'aucune autre. Elle était
fille du grand citoyen qui mit fin à la guerre la plus péril-
leuse que jamais Rome ait eu à soutenir, de Scipion l'Africain, le vainqueur d'Annibal. Elle fut élevée dans le culte
de ce grand homme, et elle hérita de lui l'amour des grandes
choses, le désir de la gloire, ainsi que la dignité des manières et l'amour des lettres. Tous ces sentiments, elle les
fit passer dans l'âme de ses fils.

Cornélie avait été mariée à Sempronius Gracchus, quoique celui-ci ne fût pas l'ami de Scipion ; mais un jour le vainqueur de Carthage ayant été injustement accusé devant le peuple, Sempronius Gracchus, n'écoutant que son patriotisme, vint défendre celui qui avait sauvé l'État et le fit acquitter. Scipion, par reconnaissance, lui donna en mariage sa fille Cornélie. Une anecdote rapportée par Plutarque nous montre combien était grande l'affection des deux époux, et surtout combien Sempronius avait d'estime pour Cornélie. On raconte que deux serpents s'introduisirent un jour dans sa demeure ; que les devins, pour conjurer ce prodige, lui déclarèrent qu'il fallait tuer l'un des serpents ; mais que s'il tuait le mâle, il avancerait sa propre mort, et qu'en faisant mourir la femelle, il hâterait celle de Cornélie. Sempronius, qui avait beaucoup de tendresse pour son épouse et qui la jugeait plus nécessaire à l'éducation de ses enfants, fit tuer le mâle ; et l'on remarqua, dit l'historien grec, qu'il mourut peu de temps après. A la mort de son époux, Cornélie se mit à la tête de la maison et se chargea elle-même d'élever sa jeune famille. Elle fit paraître tant de sagesse, tant de grandeur d'âme, tant de tendresse maternelle, fait observer Plutarque, qu'il parut que Sempronius avait sagement fait de préférer sa propre mort à celle d'une femme de mérite.

Cornélie avait eu douze enfants ; mais elle en perdit le plus grand nombre pendant son veuvage, et elle ne conserva qu'une fille et deux fils, dont elle soigna particulièrement l'éducation, et qui furent Tibérius et Caïus Gracchus. Le caractère de Cornélie se révèle tout entier dans cette belle réponse, mille fois citée, qu'elle fit à une dame de la

« Voilà mes ornements. »

Campanie ; celle-ci lui étalait ses bijoux et ses parures, puis elle demanda à Cornélie de lui montrer à son tour ses richesses. La mère des Gracques fit venir ses fils et dit : « Voilà mes ornements. » Ces paroles sont bien dignes de la femme qui aima mieux rester la veuve d'un citoyen romain que de devenir l'épouse d'un roi. Cornélie refusa en effet les offres de Ptolémée, roi d'Égypte, qui voulait partager avec elle le diadème et lui proposait le rang et le titre de reine.

Mais elle avait des désirs plus nobles et une ambition plus haute. Elle disait à ses fils : « On ne me nomme jamais que la belle-mère de Scipion (sa fille avait épousé Scipion Émilien, qui s'illustra en Espagne) ; quand aurez-vous assez de puissance pour qu'on m'appelle la mère des Gracques ? » Et elle ne négligea rien pour satisfaire son ambition et mettre ses enfants en état de lui faire honneur à elle-même et à la famille des Scipions à laquelle elle appartenait. Elle s'attacha surtout à donner à Tibérius et à Caïus les vertus qui furent le fond même des grands hommes de l'ancienne Rome : la valeur, la probité et l'éloquence. Quels sentiments pouvaient entrer dans l'âme de ces jeunes gens à qui leur mère citait constamment les plus beaux exemples et devant qui elle évoquait les plus glorieux souvenirs ! Et ces exemples et ces souvenirs, elle n'avait qu'à les choisir dans sa propre famille. Elle leur parlait de son père Scipion l'Africain, de son oncle Scipion l'Asiatique, qui vainquit Antiochus le Grand, de son mari Sempronius Gracchus, qui avait été deux fois consul et s'était distingué à la guerre, de son gendre Scipion Émilien, le vainqueur de Numance. Elle les entretenait par ses

exhortations continuelles dans le désir de les imiter et
de les égaler, et de ne pas permettre que d'autres devinssent les héritiers de tant de gloire et d'illustration. Que d'aiguillons et de stimulants que de pareils entretiens ! Faut-il s'étonner dès lors si, à seize ans, Tibérius Gracchus allait servir en Espagne et recherchait les occasions de se signaler ? On sait qu'il monta le premier à l'assaut d'une ville ennemie et qu'il surpassa tous les jeunes gens de son âge par sa valeur et sa soumission à la discipline. Telles étaient ses vertus, tels étaient ses nobles sentiments, que les ennemis mêmes rendirent le témoignage d'estime le plus flatteur au fils de Cornélie. Voici à quelle occasion : l'armée romaine ayant été surprise, le consul demanda à traiter. Ceux auxquels il s'adressa répondirent qu'ils ne se fieraient qu'à la parole de Tibérius Gracchus ; et le traité qui sauva vingt mille citoyens fut conclu par le jeune homme que le général romain avait sous ses ordres. Une autre historiette nous prouve également combien le mérite de Tibérius Gracchus était généralement reconnu et combien tous ses concitoyens appréciaient l'heureuse éducation qu'il avait reçue de sa mère. Un personnage consulaire des plus distingués, Appius Claudius, lui proposa sa fille en mariage. Les conventions ayant été faites sur-le-champ, Appius en rentrant chez lui appela sa femme dès le seuil de la porte et lui annonça qu'il venait de marier sa fille. « Pourquoi cet empressement, lui répondit sa femme avec surprise, et qu'était-il besoin de précipiter ce mariage, à moins que vous ne lui ayez trouvé pour mari Tibérius Gracchus ? » Ces seuls mots ne sont-ils pas un éloge des plus éloquents ?

Mais ce n'est pas seulement l'âme de ses fils que Cornélie se proposait de former et de dresser aux grandes choses. Elle voulait encore orner leur esprit, cultiver leur intelligence et les instruire dans l'art de parler au peuple et de l'entraîner. Et là encore Tibérius et Caïus Gracchus purent profiter des leçons et des entretiens de cette femme supérieure, digne fille du premier Africain qui protégea les lettres, digne d'appartenir à cette famille des Scipions si connue par ses goûts délicats et élevés, par la faveur qu'elle accorda aux étrangers, aux Grecs surtout. La Grèce, on le sait, fournissait Rome d'artistes, de rhéteurs, de philosophes, de médecins. Les grands ne manquaient pas d'avoir chez eux quelque poète ou quelque grammairien grec pour faire l'éducation de leurs enfants. Cornélie, qui ne se plaisait que dans la société des savants et des lettrés et qui admettait volontiers tous les étrangers à sa table, fit venir les meilleurs maîtres du pays qui avait produit Démosthène, et leur confia ses fils Tibérius et Caïus. Ceux-ci, du reste, pour être éloquents, n'avaient qu'à écouter leur mère. L'historien Cornélius Népos nous a rapporté une lettre adressée par Cornélie à son fils Caïus, qui est l'œuvre d'une intelligence cultivée, d'une âme forte, et où la fermeté et l'énergie de la pensée ne le cèdent pas à l'élégance et à la noblesse du style. Quels fiers accents, quel langage viril dans ces lignes ! « A moi, rien ne me semble plus beau que de se venger de ses ennemis, quand cela peut se faire sans que la patrie périsse. Mais, si nous ne pouvons le faire qu'à ce prix, il vaut mieux mille fois que nos ennemis soient épargnés et que la patrie ne périsse pas. » Quels devaient être les sentiments, quel devait être le langage des enfants élevés par une mère qui pensait et qui s'exprimait ainsi! Cicéron lui-même rend hommage à l'éloquence des Gracques et les cite comme les premiers orateurs de leur temps ; il recommande leurs discours aux jeunes gens qui étudient l'art oratoire. Caïus surtout se fit remarquer à la tribune ; véhément et passionné, il allait parfois jusqu'à l'emportement, et l'on dit que pour modérer les éclats de sa voix il se faisait accompagner d'un joueur de flûte, chargé de lui souffler un ton plus doux et d'adoucir sa déclamation quand il se livrait à la colère. Caïus différait en cela de son frère, dont l'éloquence était douce et persuasive et qui avait aussi le caractère plus paisible. Plus jeune que Tibérius de neuf ans, il était le portrait vivant de sa mère ; comme elle, il s'entourait d'artistes et d'étrangers ; comme elle, il affectait des airs de grandeur ; mais surtout l'ambition fut sa passion dominante ; on dit même que sa mère essaya de la modérer. Il était bien le fils de Cornélie.

Nous n'insisterons pas sur la révolution tentée par les Gracques et sur leur sort tragique. Nous renvoyons à l'histoire romaine pour voir comment Tibérius, élu tribun du peuple, proposa une loi agraire qui distribuait des terres aux citoyens pauvres ; comment il voulait leur partager les richesses léguées par le roi de Pergame au peuple romain ; quelle violente opposition firent les riches et les nobles menacés d'être dépouillés de leurs biens ; de quelle manière ils attaquèrent le tribun et le tuèrent au milieu de ses partisans. On dit qu'après la mort de Tibérius, Cornélie voulut empêcher Caïus de poursuivre ses projets de vengeance ; on prétend qu'elle désapprouvait cette tentative

en faveur du peuple par suite de ses scrupules aristocrati-
ques. Néanmoins, le jour où Caïus fut en danger, la patri-
cienne, dans ses inquiétudes de mère, n'hésita pas à faire
venir des clients de la campagne pour défendre son fils.
Quant à se laisser effrayer par le péril, elle n'y songeait
pas. Voici ce que dit un historien au sujet de cette conju-

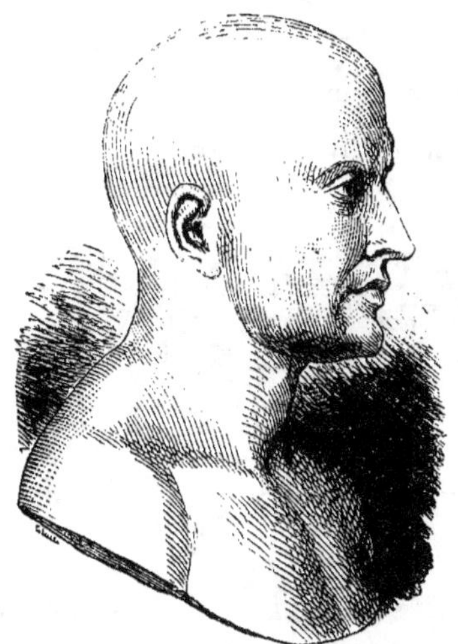

Caïus Gracchus.

ration des Gracques : « On ne douta plus des malheurs qui
allaient arriver, depuis que Cornélie, mère de Caïus, l'eut
exhorté elle-même en public à ne pas souffrir les insultes
du consul et à se ressouvenir qu'un même sort était ré-
servé à son frère et à lui ; qu'il ne devait pas refuser au
peuple opprimé une vie qu'elle ne lui avait donnée que
pour le bien et la liberté publique ; que pour elle, quelque
grande que fût la douleur que sa perte lui causerait, elle
ne se croirait pas malheureuse d'avoir mis au monde deux

enfants qui seraient morts les protecteurs de la liberté publique. »

De telles paroles ne demeurèrent pas sans effet. Caïus voulut être le successeur et le vengeur de son frère. Il fut élu tribun du peuple et il exerça pendant quelque temps une véritable domination dans Rome; il formait les desseins les plus vastes et les plus hardis. Le sénat s'en alarma, les nobles prirent les armes, et dans une lutte meurtrière, Caïus tomba sous les coups du consul Opimius. Trois mille de ses partisans périrent avec lui.

Tombeau de Cornélie.

Cornélie supporta son malheur avec beaucoup de courage et de grandeur d'âme. Plutarque raconte qu'en parlant des édifices sacrés qu'on avait bâtis sur les lieux mêmes où ses fils avaient été tués, elle ne dit que ces mots : « Ils ont les tombeaux qu'ils méritent. » Elle passa le reste de ses jours dans une maison de campagne près de Misène, sans rien changer à sa manière de vivre. Comme elle avait un grand nombre d'amis, que sa table était ouverte aux étrangers, elle était entourée d'une foule de Grecs et de gens de lettres ; et les rois mêmes lui envoyaient et recevaient d'elle des présents. Tous ceux qui étaient admis chez elle prenaient un plaisir singulier à lui entendre ra-

conter la vie et les actions de Scipion l'Africain, son père ;
mais ils étaient ravis d'admiration lorsque, sans témoigner
aucun regret, sans verser une seule larme, et comme si
elle eût parlé de quelques personnages anciens, elle rappelait tout ce que ses fils avaient fait, tout ce qu'ils avaient
souffert. Plusieurs de ceux qui l'entendaient croyaient que
la vieillesse lui avait affaibli l'esprit, ou que l'excès de ses
maux lui en avait ôté le sentiment. Et l'historien qui rapporte ce dernier détail en profite avec raison pour en tirer
une excellente morale. Il ajoute : « C'était plutôt eux-mêmes
qui manquaient de sens d'ignorer combien un heureux naturel et une bonne éducation donnent de ressources aux
hommes pour surmonter la douleur. » Cette observation
mérite bien d'être appliquée à celle qui répétait dans son
orgueil maternel : « Jamais je ne pourrais me dire malheureuse, car j'ai mis au monde les Gracques. »

Le peuple romain fit dans la suite ériger une statue de
cuivre avec cette simple inscription, si éloquente pourtant
dans sa concision :

A CORNÉLIE, MÈRE DES GRACQUES.

MARC-AURÈLE

(121-180 après J.-C.)

« On sent en soi-même un plaisir secret lorsqu'on parle de cet empereur, » a dit Montesquieu; et l'auteur de *la Grandeur et la Décadence des Romains* ajoute : « On ne peut lire sa vie sans une espèce d'attendrissement. » C'est surtout un spectacle consolant pour l'âme humaine lorsque, après avoir parcouru dans l'histoire romaine les tristes règnes des Tibère, des Néron, des Domitien, on s'arrête au siècle des Antonins et surtout à l'histoire de celui qu'on a surnommé un sage couronné, de Marc-Aurèle. Cet empereur s'illustra non seulement par ses exploits, mais encore par toutes les belles qualités et les vertus qui font l'honnête homme et le bon citoyen. Et l'on a rappelé maintes fois, à ce propos, le mot de Platon : Que les peuples seraient heureux si les philosophes étaient rois !

Or, dès ses premières années, Marc-Aurèle laissait deviner

ce qu'il serait un jour, et sa jeunesse permettait d'augurer favorablement de lui. Ce n'est pas le père qui joua un grand rôle dans l'éducation de l'enfant qui devait être si célèbre ; il mourut de fort bonne heure, et Marc-Aurèle ne le connut presque pas. Il fut élevé par sa mère Domitia, qui veilla sur lui avec beaucoup de sollicitude. Domitia Lucilla appartenait à une famille qui avait exercé de hautes charges à Rome. Son père avait été deux fois consul, ainsi que son grand-père. Elle-même était une personne distinguée, pieuse et bienfaisante ; elle était encore d'une modestie rare ; elle avait avec cela un caractère mâle et décidé. Elle était jalouse de l'affection de son fils, et l'un des maîtres qu'elle donna à Marc-Aurèle, et que celui-ci aima tout particulièrement, disait en plaisantant à son élève de lui modérer ses sympathies, de peur de le brouiller avec sa mère.

Celle-ci, tendre et prudente, eut soin de ne mettre que de bons exemples sous les yeux de celui qui devait un jour arriver au pouvoir. Elle porta son attention sur l'entourage et la société de son fils, pensant avec raison qu'on ne saurait prendre trop de précautions lorsqu'il s'agit de ceux qui sont en communication avec l'enfant, à un âge où les impressions sont si vives et si profondes. Elle ne voulut pas l'envoyer dans les écoles publiques ; elle le garda chez elle et appela auprès de lui les rhéteurs, les philosophes, les grammairiens les plus distingués. Les beaux-arts ne furent pas exclus, et l'enfant reçut encore les leçons des peintres et des musiciens les plus renommés. C'était là, on le voit, une éducation complète et comprenant tous les genres d'instruction qu'on pouvait donner alors. Élevé par des maîtres choisis avec le plus grand soin, Marc-Aurèle fit de rapides progrès; la philosophie surtout l'intéressa. Sa jeune âme s'enflammait au souvenir des Brutus, des Caton, des Thraséas, de tous ces fiers Romains dont il brûlait de suivre les beaux exemples. Plein d'admiration pour la doctrine des stoïciens, le jeune Marc-Aurèle résolut de mener leur genre de vie et d'adopter leurs usages austères. Et l'on put voir le petit philosophe de douze ans mépriser dès lors toute parure dans les vêtements, revêtir le manteau de laine grossière, coucher sur le plancher, ne voulant d'autre lit que la terre, à l'exemple de ses grands hommes favoris. Sa bonne mère exigea quelque adoucissement à ce régime, et elle obtint, mais non sans difficulté, que le jeune stoïcien reposât sur quelques peaux de bêtes.

De bonne heure aussi notre petit héros se montra grave et sévère. Son amour pour la vérité, dans un âge aussi tendre, était remarquable, et, à l'exemple du Grec Aristide, il n'aurait pas voulu commettre de mensonge, même en plaisantant. A propos de ce trait de caractère, on raconte l'anecdote suivante : Tout jeune, Marc-Aurèle portait le nom de son aïeul *Verus* (Vrai). L'empereur Adrien, qui avait été frappé de la sincérité et de la bonne foi de l'enfant, faisait un jeu de mots sur lui et se plaisait à l'appeler *Verissimus* (Très-vrai). Ce même prince, qui l'aimait beaucoup, lui accorda des honneurs précoces ; il le nomma chevalier à six ans ; et à huit ans, il le trouva assez sérieux pour le faire entrer dans le collège des prêtres de Mars, chargés de la garde des boucliers. Le petit Marc-Aurèle y figura comme chef de musique et prit part aux processions religieuses. On voit qu'il grandissait ainsi parmi les

images de la religion et les enseignements de la philosophie.

Il y eut une seule chose pour laquelle il fallut reprendre
Marc-Aurèle dans sa jeunesse. Ne vous empressez pas de
le condamner, jeunes lecteurs. Que de mères seraient heureuses de trouver leurs enfants en défaut sur ce point! Il
fallait réprimer chez l'écolier modèle le trop grand amour
du travail et la trop vive ardeur de l'étude. Son excellente
mère craignait qu'il ne compromît sa santé qui était assez
chétive, et son maître était obligé de se fâcher pour qu'il
prît du repos. C'est à cette occasion que l'infatigable étudiant écrivait ce joli mot : « Je ne dors pas, mais je vais
tâcher de dormir pour que tu ne te fâches pas. » On pense
bien que celui qui parlait ainsi avait des habitudes fort
matinales : tous les jours il était levé à quatre heures.
Même sur le trône, il resta fidèle à cette coutume, et pour
s'exciter lui-même il répétait souvent cette maxime tirée
d'un de ses ouvrages dont nous parlerons tout à l'heure :
« Le matin, quand tu as de la peine à te lever, dis-toi aussitôt : « Je m'éveille pour faire l'ouvrage d'un homme. Ai-je
« été mis au monde pour me tenir bien chaudement sous
« mes couvertures ? » A combien d'écoliers et même de
grandes personnes ne pourrait-on pas mettre sous les
yeux cette réflexion du grand empereur !

Mais dans cette jeunesse si sérieuse, dans cet enseignement donné par des maîtres distingués, c'est encore des
leçons de sa mère que Marc-Aurèle a gardé le meilleur
souvenir. Elle ne se contenta pas de donner à son fils un
éminent professeur de philosophie ; c'est elle-même qui
forma la conscience de l'enfant et développa ses excellents

instincts. Ce sont les conversations qu'il eut avec sa mère,
ses fréquents entretiens, qui ont laissé une profonde impression et exercé une influence salutaire sur le dernier
des Antonins. Il ne se plaisait du reste qu'auprès de celle
qu'il appelait sa « petite maman ». Il est intéressant de lire
à cet égard le compte rendu des journées de Marc-Aurèle
pendant sa jeunesse et son emploi du temps. Élevé à la campagne, loin du faste et de la cour, en simple particulier, il
se livre aux exercices du corps, à la course, à la chasse, à
la pêche en compagnie de quelques amis. La gravité du
caractère ne lui avait pas fait perdre le charme et l'agrément de la jeunesse. Il s'amusait même volontiers, et nous
avons de lui plus d'un gai récit. C'est ainsi qu'il lui arrive
un jour une assez folle aventure qui le met en fort bonne
humeur. Il se promenait à cheval quand il vit tout à coup
sur la route un troupeau de moutons conduit par deux ber-
gers. L'un d'eux dit à son compagnon : « Prends garde à
ces cavaliers ; ce sont d'ordinaire les plus grands voleurs
du monde. » A ces mots une idée espiègle traversa l'esprit
de l'admirateur de Brutus et de Caton ; il pique de l'épe-
ron son cheval et le précipite sur le troupeau. Les brebis
effrayées s'enfuient pêle-mêle ; le berger lui lance sa hou-
lette qui tombe sur le camarade qui suit. — Mais, tout en ne
négligeant pas l'occasion de s'égayer parfois, Marc-Aurèle
n'en reste pas moins fidèle au genre de vie austère qu'il
avait adopté. Voici ce qu'il dit lui-même dans une de ses
lettres : « Avec quoi penses-tu que j'aie dîné ? Avec un
morceau de pain, pendant que les autres dévorent des
huîtres, des oignons et des sardines bien grasses. » Il nous
détaille ensuite de quelle manière il a passé son temps :

« Nous nous sommes mis à cueillir des raisins, nous avons
écouté les gais propos des paysans ; nous avons bien sué,
bien crié, puis nous sommes arrivés à la maison ; j'ai un
peu étudié, ensuite j'ai beaucoup causé avec ma petite
mère qui était sur son lit. »

On a observé avec raison que ces causeries n'ont pas été
inutiles au bonheur du monde. Si la conversation était

Statue équestre de Marc-Aurèle.

parfois légère et badine, elle était bien plus souvent élevée
et sérieuse. L'utile se mêlait à l'agréable, et à de gracieux
propos succédaient des leçons instructives et des enseignements moraux. C'est là que Marc-Aurèle apprit ces maximes qu'il a rappelées dans ses ouvrages ; c'est là qu'il
connut les vertus qu'il pratiqua sur le trône et qui ont fait
dire de lui que c'était un philosophe couronné.

A ceux qui pourraient douter de cette influence maternelle on n'a qu'à rappeler ce que Marc-Aurèle lui-même a
dit au commencement de l'écrit admirable qu'il nous a

laissé et qu'on appelle *les Pensées*. — On sait qu'il rédigea ses propres pensées, et qu'il composa comme un manuel de conduite où l'on trouve les plus beaux préceptes, les plus nobles aspirations, les sentiments les plus généreux, toutes sortes d'excellents conseils dictés par un amour sincère de l'humanité et exprimés d'une façon concise et frappante. — C'est dans ce beau livre qu'il parle avec une pieuse reconnaissance de son aïeule, de son père, de sa mère ; il se reporte avec plaisir aux années de sa jeunesse et recherche ce qu'il doit à chacun de ceux qui l'ont élevé. Loin de se parer de ses vertus, il se dépouille, comme on l'a dit, de ses propres mérites, pour les attribuer à ceux dont il a été l'imitateur et le disciple, à ses parents, à ses maîtres. On est saisi d'une vive émotion et d'une admiration réelle quand on entend ce grand prince avouer avec une noble simplicité, en tête de son ouvrage, qu'en se traçant un plan de conduite il ne se propose pas autre chose que d'imiter sa mère. Il déclare que non seulement il se garde de commettre le mal, mais qu'il ne veut même pas en concevoir la pensée, et qu'en cela il suivra de tout point l'exemple de sa mère. Et, lorsqu'il s'agit de la piété envers les dieux, de la libéralité envers les hommes, de la frugalité, de la sobriété (nous avons cité les expressions mêmes des *Pensées*), c'est encore sa mère qu'il prendra comme modèle. C'est d'elle aussi qu'il tient la piété et la bienfaisance. « Femme pieuse et bienfaisante, » voilà du reste les noms qu'il lui donne.

On ne s'étonnera pas si après un pareil aveu, Marc-Aurèle se félicite de n'avoir jamais causé de chagrin à cette excellente mère ; il remercie même les dieux de n'avoir jamais failli sur ce point. Il leur rend grâce d'avoir pu entourer de soins celle qui a veillé sur ses jeunes années. On éprouve cet attendrissement dont parle Montesquieu, quand on voit celui qui est à la tête de l'empire romain oublier ses graves préoccupations pour songer en bon fils à celle qui l'éleva. Au milieu du tracas des affaires et des soucis du pouvoir, il écrit : « La maladie de ma bonne mère ne me laisse pas de repos. » Ailleurs, il raconte que sa sœur est tombée subitement malade et que sa mère, dans le trouble, s'est froissé une côte contre un mur, et il ajoute : « Ce coup m'a frappé aussi douloureusement qu'elle. » Ce mot d'un homme qui faisait pourtant profession d'un stoïcisme austère n'est-il pas aussi joli que celui de la tendre Mme de Sévigné écrivant à sa fille : « J'ai mal à votre poitrine? » On voit avec plaisir que la philosophie chez Marc-Aurèle n'excluait pas le naturel et la sensibilité. J'en pourrais citer plus d'un exemple encore ; je me contenterai de ces quelques lignes qui montrent que celui qui fut un fils plein de tendresse fut également un père tendre et aimant : « Je me sens mal à l'aise, écrit-il, parce que le temps est mauvais ; mais, quand mes petites filles se portent bien , il me semble que je ne souffre plus et que le temps est admirable. »

Si Marc-Aurèle témoigna tant de reconnaissance et de respect à celle qui l'avait élevé, il n'oublia pas non plus les maîtres qu'elle avait eu soin de lui donner dans son enfance. Il poussa même la gratitude assez loin, et je sais peu d'écoliers qui, à l'instar de Marc-Aurèle, élèveraient des statues à leurs professeurs, voudraient avoir leurs bustes en or chez eux, et sacrifieraient tous les ans sur leurs tombeaux. L'empereur garda un si bon souvenir de ceux que sa mère avait placés près de lui dans son enfance, qu'il en appela plusieurs dans ses conseils, les revêtit des plus hautes charges et en fit ses plus intimes confidents. Il entretint même avec l'un d'eux, Fronton, une correspondance qui est demeurée célèbre. Mais ces honneurs, ces témoignages de reconnaissance, poussés à l'excès peut-être, et dont on ne trouverait pas beaucoup d'autres exemples, ne prouvent-ils pas combien celui qui les rendait appréciait les bienfaits de l'éducation? C'est là, en effet, Marc-Aurèle se plaisait à le reconnaître, le plus précieux de tous les biens. Il disait bien souvent qu'il ne faut rien épargner pour le posséder. Et il fut si pénétré de cette vérité que sa vie fut un effort continuel pour acquérir les qualités qu'il admira dans ses maîtres, et pratiquer les vertus que lui enseigna sa mère. Mais surtout tel il avait été dans ses premières années, tel il resta toute sa vie. Il fut bon, simple dans ses manières, affable pour tous; nulle recherche dans les mets, nulle passion pour les bâtiments, nulle parure dans les vêtements, nul désir des plaisirs frivoles; aimant surtout l'étude, il faisait une lecture ou bien il assistait à des cours publics pour se distraire du souci des affaires. Toutes les heureuses facultés, tous les beaux sentiments, toutes les nobles passions dont il eut le germe dans son enfance, il les déploya plus tard sur un vaste théâtre. Un mot résume tout son règne : « Ce fut un philosophe couronné. » Que nous sommes loin, on l'a observé avec raison, de cet autre empereur que sa mère empêchait d'étudier et à qui elle disait : « La philosophie ne peut que nuire à un prince. » Nous avons nommé Néron !

Chose curieuse! il fut aussi un Néron, le fils même du

sage Marc-Aurèle, le cruel Commode, si indigne de son père, si connu par ses folies et ses débauches. Mais faut-il s'en étonner quand on se rappelle que l'épouse de Marc-Aurèle fut l'impératrice Faustine, femme pervertie et corrompue? Ce double exemple peut donc nous prouver les heureux effets de l'influence maternelle, en même temps que les funestes conséquences de cette même influence, là où manquent les sentiments généreux, les nobles instincts, tout ce qu'il y a de grand et d'élevé dans le cœur humain. Il avait donc bien raison ce moraliste anglais qui, parlant de la mère et de l'enfant, disait qu'instruire l'une, c'était instruire l'autre, et qu'élever l'âme de l'une, c'était élever l'âme de l'autre.

Nous croyons intéressant de citer ici quelques-unes des pensées extraites du livre de Marc-Aurèle dont nous avons parlé :

« La vie est courte ; le seul fruit de la vie terrestre est de maintenir son âme dans une disposition sainte et de faire des actions utiles à la société.

« Conserve-toi simple, bon, pur, grave, ennemi du faste, ami de la justice ; religieux, bienveillant, humain, ferme dans la pratique de tes devoirs.

« Aime les hommes, mais d'un amour véritable. C'est se faire du bien à soi-même que d'en faire aux autres.

« L'homme qui vient de faire le bien doit aussitôt passer à une autre action, comme la vigne qui se prépare à porter d'autres raisins encore dans la saison.

« Que toutes tes paroles aient l'accent de la vérité.

« La fausse modestie est la forme la plus insupportable de l'orgueil.

« Ce qui n'est point utile à la ruche n'est pas non plus utile à l'abeille.

« Il y a mille circonstances dont il faut s'informer pour prononcer sur les actions d'autrui.

« Ce n'est point assez de pardonner, il faut aimer ceux qui vous offensent. »

SAINT AUGUSTIN

(354-430)

Saint Augustin eut pour père un païen et pour mère une fervente catholique, canonisée par l'Église sous le nom de
sainte Monique. Il n'est pas malaisé de deviner à quelle influence obéit un fils qui mérita d'être compté au nombre des
Pères de l'Église. On ne s'étonnera pas non plus que ce fils
devint tel, quand on se reporte à la jeunesse même de sainte
Monique, et qu'on voit comment dès ses premières années
elle eut cette piété, ce recueillement, cette foi vive et sincère, toutes ces vertus qu'elle s'efforça plus tard de transmettre à celui dont elle fit l'éducation.

Née de parents chrétiens, on la voyait tout enfant se séparer de ses compagnes, abandonner leurs jeux pour aller
prier au pied d'un arbre. Elle oubliait parfois le moment
de rentrer à la maison paternelle, et elle était grondée et bat-
tue, non pour s'être amusée trop longtemps au dehors et

avoir prolongé l'heure de la récréation, mais pour s'être
attardée à l'église, seule, dans un angle écarté. Au milieu
de la nuit, elle se levait et s'agenouillait par terre, élevant
ses pensées vers Dieu. On remarque qu'elle avait une soif
insatiable d'apprendre, et qu'elle s'intéressait particulièrement aux récits de son aïeule qui lui racontait l'histoire des
martyrs chrétiens. Ces sentiments religieux ne firent que
s'accroître et se fortifier avec le temps.

Pour s'en assurer, on n'a qu'à lire les *Confessions* de saint
Augustin. L'auteur nous parle de sa mère et nous fait un
touchant éloge de cette âme pieuse et sainte ; il la montre
exacte à l'aumône, assidue à l'église, y passant de longues
heures à prier, ne laissant s'écouler aucun jour sans parti-
ciper aux offrandes de l'autel. On peut s'imaginer l'éducation qu'une telle mère dut donner à son fils et quels sentiments elle mit dans son cœur ; car c'est par elle que saint
Augustin fut élevé , et il pouvait dire comme le poète Lamartine : « J'ai puisé surtout dans l'âme de ma mère. »
C'est en causant avec lui, en le tenant sur ses genoux, dans
les entretiens de tous les jours et de toutes les heures, qu'elle
formait la conscience de son fils et qu'elle lui enseignait
l'amour de Dieu, le mépris de la terre et la laideur du vice.
Chez quel maître trouvera-t-on jamais l'ardeur, le zèle et
la conviction que la pieuse Monique dut mettre dans ces causeries et ces épanchements avec son fils? Et chez quel disciple trouvera-t-on jamais la docilité, l'obéissance et l'attention que l'enfant donnait à celle qui le tenait dans ses bras
et le couvrait de ses baisers? Voici une anecdote qui prouve
combien fut profonde l'impression produite sur l'esprit de
l'enfant. A l'âge de huit ans, saint Augustin tomba malade; il

Sainte Monique et saint Augustin.

eut des douleurs d'estomac telles qu'on crut qu'il allait mourir. Alors que chacun était au désespoir, l'enfant, malgré ses souffrances, n'avait qu'un souci, qu'une préoccupation, le salut de son âme ; le petit malade ne songeait qu'à Dieu. Une autre preuve encore de sa foi, foi naïve à vrai dire, est qu'il priait Dieu avec une grande ferveur, de lui éviter les punitions et les corrections de l'école. Il faut reconnaître qu'il les aurait parfois méritées ; il aimait le jeu, avait peu d'ardeur pour l'étude, détestait le grec et surtout les mathématiques. « C'est pour moi une chanson odieuse que d'entendre un et un font deux, deux et deux font quatre. » Saint Augustin lui-même nous fait l'aveu de toutes ces fautes, et l'on n'est pas peu surpris d'entendre celui qui fut un des Pères de l'Église dire naïvement qu'il était paresseux et fort gourmand dans sa jeunesse. Il se reproche d'avoir dérobé des fruits à ses parents, soit pour satisfaire sa propre gourmandise, soit pour en donner à ses camarades de jeux. Ce sont là des peccadilles, comme il en est arrivé à plus d'un écolier. Ce qui était plus grave, c'est qu'il ne fut pas non plus sans donner de sérieux chagrins à sa pieuse mère, et sans perdre de sa piété et de son enthousiasme religieux. Il avait dû quitter ses parents pour continuer ses études loin de son village natal ; les livres, les jeux, le théâtre, la société, tout cela influa sur son esprit, et il eut des écarts de jeunesse qu'il déplore éloquemment dans ses *Confessions*. Il rappelle même qu'il tomba dans l'erreur et dans l'hérésie. S'il revint dans le bon chemin, à qui en fut-il redevable ? A sa mère. « O mon Dieu ! si vous ne m'avez pas abandonné en ce moment critique, s'écriait plus tard saint Augustin, c'est que ma mère pleurait nuit et jour et qu'elle versait pour moi en sacrifice tout le sang de son cœur ! » Quelle ne fut pas alors l'inquiétude de sainte Monique ! Quels ne furent pas ses tourments et ses angoisses ! « Elle demandait dans ses prières, dit celui qui était l'objet de tant de craintes, non l'or et l'argent, mais le salut de mon âme ! » Elle s'adresse à un évêque, et le supplie de discuter avec son fils, de le ramener à la vérité ; elle insiste avec des prières et des larmes : « Allez, dit celui qu'elle implore, il est impossible qu'un fils pleuré avec de telles larmes périsse jamais ! »

C'est encore une scène bien touchante que celle qui nous montre sainte Monique au moment où elle apprend que son fils, qui était à Carthage, voulait aller à Rome. Elle accourt sur le port, le conjure avec sanglots de ne pas la quitter. Saint Augustin témoigne qu'il a dessein d'accompagner un de ses amis prêt à partir. Il part lui-même la nuit, à la dérobée ; il trompe celle qui s'opposait à son départ : « Je mentis à ma mère, et quelle mère ! » s'écrie-t-il plus tard avec chagrin. Elle devint presque folle de douleur quand elle se vit seule. Puis, ne pouvant supporter la longueur de la séparation, elle quitte son pays, s'imposant les plus lourds sacrifices pour rejoindre celui dont elle pleure l'absence. Elle était alors réduite à une fort grande pauvreté ; ayant perdu son mari, et quoique sans ressources, elle n'avait pas voulu interrompre les études de son fils, et s'était vouée à toute sorte de privations pour continuer l'éducation de celui sur lequel elle fondait de si grandes espérances. Elle monte sur un vaisseau partant pour l'Italie ; elle affronte les dangers de la mer, elle encourage elle-même les matelots dans une tempête. Arrivée à Rome, elle apprend que saint Augustin est parti pour Milan ; elle n'hésite pas à faire deux cents lieues de plus pour le revoir. C'est là qu'elle connut l'illustre saint Ambroise, dont elle suivit assidûment, avec son fils, les sermons et les leçons. L'évêque de Milan n'eut jamais de plus fervents auditeurs. Les discours de l'éminent prélat ne contribuèrent pas peu à développer en saint Augustin le talent d'orateur : « J'écoutais en suspens ses paroles et me laissais ravir au charme de ses discours. » Ces leçons, jointes aux exhortations de sa mère, dont saint Ambroise lui-même admirait l'amour et le dévouement, agirent heureusement sur l'esprit de celui qu'il s'agissait de ramener dans la bonne voie.

Telle est l'excellente mère que saint Augustin fait assister à ses entretiens, dont il demande les avis, dont il rapporte les paroles dans différents traités de philosophie et de théologie qu'il a composés. Il admirait sa sagacité dans de si hautes questions, il se plaît à le rappeler. « Son esprit, disait-il en parlant de sa mère, touche au génie ; » et il la compare parfois à un grand homme dont lui et ses disciples écoutent pieusement la parole. Lorsqu'il demande à Dieu de « disposer son âme de façon qu'il ne préfère rien à la vérité », il charge sa mère de faire la prière, sûr qu'elle « obtiendra cette faveur par ses mérites ». Et c'est par cet éloge qu'il termine un de ses entretiens. De même il ne croit pas pouvoir mieux résoudre une question, agitée par lui et ses disciples, qu'en donnant la parole à sa mère. Voici le sujet discuté : « L'homme qui a ce qu'il souhaite est-il heureux ? » Et sainte Monique répond : « S'il veut et obtient ce qui est bien, il est heureux. S'il veut le mal et s'il l'obtient, il est malheureux. A cette réponse, saint Augustin n'hésite pas à déclarer que sa mère a atteint les hauteurs de la philosophie.

L'un des passages les plus beaux et les plus sublimes, dans les écrits de saint Augustin, est une conversation qu'il eut avec sa mère. Il est assis auprès d'elle dans une maison à Ostie, au bord de la mer, au moment de revenir en Afrique. C'est par une soirée d'automne ; le ciel est étoilé, les flots, dont ils contemplent l'étendue, sont calmes et paisibles, tout est silencieux. Ce spectacle élève peu à peu leur âme ; ils oublient le passé et le présent pour ne penser qu'à l'avenir, ils causent de la vie éternelle. Il est difficile de trouver quelque chose de plus élevé que cette conversation du fils et de la mère.

C'est peu de temps après cet entretien que sainte Monique mourut. Ses dernières paroles furent pour son fils : « Rien ne m'attache plus à la vie, disait-elle ; il était une seule chose pour laquelle je désirais séjourner quelque temps dans cette vie, c'était de te voir chrétien catholique avant de mourir. Mon Dieu me l'a donnée. Que fais-je ici davantage ! » — Rappelons ici que sainte Monique avait déjà opéré une autre conversion qui ne lui avait pas causé peu de joie. Son mari, qui était païen, avait cédé aux pieuses exhortations et aux vertus de la sainte ; il avait abjuré le paganisme pour embrasser la nouvelle foi. Celui qui se convertissait avait jadis essayé de détourner son fils de la religion que lui avait fait suivre sainte Monique, dès son jeune âge. Mais voyez la toute-puissance de l'influence maternelle ! Parlant des efforts et des conseils de son père, saint Augustin disait : « Jamais il ne put vaincre dans mon esprit l'ascendant que ma mère avait pris sur moi. Si entraînant que fût l'exemple qu'il me donnait, il ne parvint pas à me détourner de croire en Jésus-Christ, à qui il ne croyait pas. »

Je ne parlerai pas de la douleur de saint Augustin à la mort de sa mère. Il veilla toute la nuit auprès de celle que Dieu rappelait à lui. Jamais il n'oublia ce grand deuil. Tous les jours il priait pour celle qu'il avait perdue ; sans cesse il en parlait à ses amis ; bien longtemps il la pleura. Trente ans après, parlant un jour au peuple du respect dû aux morts, il fut saisi de la plus forte émotion et le souvenir de sa mère se retraça à son cœur plus vivant que jamais : « Dans le fond de mon cœur affluait une douleur immense, prête à déborder en ruisseaux de larmes. »

Le nom de sainte Monique a traversé les siècles. L'Église a conservé le souvenir de ses vertus et en a perpétué la mémoire. Mais la pauvre veuve de l'humble village de Tagaste (en Numidie) ne serait pas parvenue à l'immortalité, si elle n'avait eu la gloire de former par ses leçons le plus illustre des Pères de l'Église latine. Le nom de sainte Monique est à jamais inséparable de celui de saint Augustin.

SAINT LOUIS

(1215-1270)

C'était une femme supérieure que Blanche de Castille, la
mère de saint Louis ; supérieure par l'élévation du caractère comme par la puissance de l'intelligence. Elle possédait toutes les qualités du cœur et de l'esprit ; elle avait
reçu l'éducation la plus soignée de ses parents : elle cultivait les arts et surtout la musique, parlait l'espagnol, le
français, l'anglais et même le latin qui était, on le sait,
au moyen âge, la langue parlée et écrite des savants et
des hautes classes de toute l'Europe. On remarquait encore
en elle une grande puissance d'application et de travail,
un jugement sain et droit. Brave, éloquente, d'une fierté
indomptable, elle avait tous les dons de l'homme d'État,
joignant la force d'âme à l'intelligence politique. Mariée à
Louis VIII, fils de Philippe-Auguste, elle exerça la plus
grande influence sur son esprit ; elle le suivait à la guerre,

l'assistait dans ses conseils. Son beau-père Philippe-Auguste ne dédaignait pas de la consulter. Tous deux, son mari et son beau-père, se reposèrent entièrement sur elle de la mission glorieuse qu'elle s'imposa, l'éducation de celui qui devait être le roi saint Louis.

Blanche de Castille et saint Louis enfant.

Blanche de Castille ne voulut confier qu'à elle-même, à elle seule, le soin de nourrir et d'élever son enfant, mais de l'élever pour la France et pour l'État. Elle s'appliqua à former son cœur aussi bien que son esprit. Elle s'efforça de lui inspirer les deux sentiments qui expliquent tout le règne de saint Louis : « la crainte de Dieu et l'amour du devoir. » Écoutons l'historien Joinville sur le premier point : « Quant à son âme, Dieu la garda par les pieux enseignements de sa mère, qui l'instruisit à croire en Dieu, à l'aimer, et mit auprès de lui toutes sortes de gens de religion, et lui faisait entendre, tout enfant qu'il était, toutes les heures et les sermons aux fêtes. Il se rappelait que sa mère lui avait fait aucunes fois connaître qu'elle aimerait mieux qu'il fût mort que s'il faisait un péché mortel. »

Est-ce que ces paroles de sa mère ne furent pas la règle de conduite de saint Louis? Ne fut-il pas toute sa vie fidèle à de tels enseignements? Il aima toujours, comme l'y avait habitué sa mère, avoir auprès de lui « toutes sortes de gens de religion » ; il les faisait prêcher en sa présence, et les écoutait avec une profonde dévotion, s'asseyant sur la paille, dit un chroniqueur, pendant qu'ils parlaient. Dès qu'il était réveillé, il se levait aussi vite que possible, et se rendait à l'église. Souvent, pendant la nuit, il sortait de son lit, s'habillait et allait à la chapelle. Le vendredi saint, il assistait nu-pieds à l'office. Le jeudi saint, il lavait les pieds des pauvres, et il reprit même, à cette occasion, le sire de Joinville qui disait avec une naïve franchise : « Jamais les pieds de ces vilains ne laverai-je. » A quoi le fils de Blanche de Castille répliqua : « Vous ne devez pas avoir en dédain ce que Dieu a fait pour notre enseignement. Aussi je vous prie, pour l'amour de Dieu et pour l'amour de moi, que vous vous accoutumiez à laver les pieds des pauvres. » Sur son lit de mort, saint Louis se souvint des leçons et des recommandations de celle qui lui avait appris à considérer une offense faite à Dieu comme le plus grand de tous les maux. Et faisant venir son fils aîné auprès de lui, il lui adressa cette suprême parole : « Beau fils, la première chose que je t'enseigne et commande à garder, c'est qu'en toutes choses tu aimes Dieu. »

Ce que saint Louis dut encore à sa mère, ce ne furent pas seulement ces pieux sentiments qui firent de lui un saint. S'il trouva dans Blanche de Castille tout le dévouement et la foi d'une chrétienne, il en eut aussi les leçons et les enseignements nécessaires à l'homme d'État. Elle répétait bien souvent à son fils qu'un roi ne doit pas s'ensevelir dans le repos et la prière ; il doit faire des actions qui le mènent à l'immortalité. Et elle lui remettait sous les yeux l'histoire de ses prédécesseurs ; elle appréciait leurs actes, insistait sur les qualités et les mérites, comme sur les faiblesses et les vices, l'engageant à se défier de la flatterie, l'habituant à entendre la vérité, lui inspirant la doctrine de la justice. Enseignée avec un tel esprit et par une mère jalouse d'inculquer à son élève l'amour du devoir, l'histoire était bien ici cette science que l'on a regardée, non sans raison, comme la source des bons conseils et de la prudence, la règle de la conduite et des mœurs, le témoin fidèle de la vérité.

Blanche de Castille ne se contentait pas de rappeler et de juger les événements passés ; elle instruisait le jeune prince de l'état présent des choses en France et des besoins actuels des royaumes. Elle agitait ou faisait discuter devant lui les questions les plus sérieuses sur les ressources de l'État, sur les mœurs, sur les caractères. Elle l'habituait non seulement à tout connaître, mais à juger, à décider, à prendre surtout une résolution rapide dans les circonstances graves. Elle l'exerçait également à bien parler, à écrire, lui faisait faire un recueil de belles actions, de belles paroles qui se gravaient dans sa mémoire. On voit que Blanche de Castille s'y entendait aussi bien que nos maîtres et nos parents qui nous ont mis à tous, entre les mains, des livres de morale en action, et nous ont procuré pendant nos jeunes années une lecture utile et agréable.

A l'étude Blanche de Castille joignit les exercices du corps, accoutumant son fils à franchir les fossés, à escalader les murailles, à braver les pluies, les vents, les tempêtes. Elle aimait beaucoup la vie des champs et quittait souvent la cour, administrant elle-même ses vastes domaines, présidant à tout, s'occupant de tous les détails. Pendant son séjour à la campagne, ses enfants étaient maintes fois confondus avec les enfants du peuple ; elle leur imposait même des travaux manuels, et l'on put voir souvent la fille de Blanche de Castille, un panier au bras et une serpette à la main, couper le raisin, et son frère, celui qui fut saint Louis, recevoir les raisins du panier et les porter dans la tonnelle. La reine voulait aussi apprendre à ses enfants que le travail ennoblit, dans quelque condition que l'on se trouve, et elle leur donnait cet enseignement, non par des paroles, mais par des exemples. Au reste, tout était sérieux dans cette éducation. Les jeux frivoles, les vaines distractions, tout cela était sévèrement interdit. Que de fois la promenade du jeune prince fut une visite dans les hôpitaux, pour contracter de bonne heure l'habitude de donner une bonne parole aux malheureux et de venir en aide aux infortunés ! Inutile de dire que l'enfant était toujours accompagné de sa mère. Les soins de la

royauté, les soucis de la régence ne purent distraire
Blanche de sa mission. Elle exerçait une surveillance continuelle sur son fils. A toute heure du jour ou de la nuit,
elle venait auprès de lui, ne ménageant pas les reproches
à l'occasion et même les châtiments.

S'étonne-t-on après cela de ce que devint l'enfant élevé
par une telle mère et dans de tels principes? Celui qui passait
ses dimanches et ses jours de fête à visiter les hôpitaux
pendant ses premières années est le même qui, sur le trône,
multiplia les actes de charité dans tous ses États et fonda
tant d'établissements de bienfaisance. Partout où il allait,
le roi saint Louis, nous dit un biographe, s'enquérait des
pauvres veuves, des pauvres jeunes filles et leur donnait
d'abondantes aumônes. Il nourrissait des pauvres dans sa
maison et les servait même à table, leur coupant le pain et
leur versant le vin ; il ne manquait pas de leur faire encore
des largesses. Si l'on en murmurait dans son entourage, il
disait qu'il aimait mieux dépenser beaucoup en aumônes
qu'en bombances et en vanités. Du reste, il ne se fâchait
pas des observations qu'on pouvait lui adresser ; et l'amour
de la vérité, que lui avait inspiré sa mère, fut un des traits
distinctifs de son caractère. L'historien Joinville raconte à
ce propos une charmante anecdote. Au retour de la croisade, l'abbé de Cluny avait offert au roi deux chevaux
magnifiques. Le lendemain, l'abbé revint pour parler de
quelques affaires importantes. Le roi l'écouta très longuement. Quand l'abbé fut parti, Joinville vint au roi et lui
dit : « Je veux vous demander, s'il vous plaît, si vous avez
écouté plus débonnairement l'abbé de Cluny parce qu'il
vous donna les deux chevaux. » — Le roi pensa quelque

temps et dit : « Vraiment, oui. — Sire, savez-vous pourquoi j'ai fait cette demande? — Pourquoi? — Parce que je vous conseille, sire, de défendre à vos juges de rien prendre des plaideurs ; car, s'ils prennent, soyez certain qu'ils écouteront plus volontiers ceux qui leur donneront, comme vous avez fait pour l'abbé de Cluny. » Ne retrouvons-nous pas l'élève de Blanche de Castille dans le monarque qui avoue si franchement avoir écouté avec complaisance un solliciteur généreux, et qui accepte la remontrance qu'on lui fait à ce sujet? Sa mère lui avait souvent répété : « J'aimerais mieux vous voir mort que coupable d'un péché mortel. » Et lui-même disait plus tard à son fils : « J'aimerais mieux qu'un Écossais vînt d'Écosse pour régner en France que de te voir mal gouverner le pays. » Je crois superflu de rappeler à mes lecteurs d'autres traits qui peignent l'âme de saint Louis. Qui n'a entendu parler de ce fameux chêne de Vincennes au pied duquel le roi aimait à venir s'asseoir? C'est là que ses plus pauvres sujets étaient admis à lui parler sans difficulté et « san sembarras d'huissier ni d'autre ». Il écoutait patiemment tous ceux qui avaient affaire, leur donnait quelques secours, leur adressait quelque consolation, et jamais personne ne le quittait sans avoir reçu un bienfait ou une bonne parole. On voit ici développées et portées au plus haut degré les excellentes qualités dont le roi dut les germes à celle qui prit soin de ses jeunes années.

Rappelons que Blanche de Castille ne s'occupa pas seulement de l'éducation de saint Louis ; elle éleva encore ses autres enfants. Sa fille Isabelle, notamment, partageait l'éducation de son frère ; elle lisait le latin avec facilité et elle avait de rares qualités d'esprit. Blanche de Castille lui consacra également tous ses soins. Un jour que la jeune fille admirait la beauté de sa main, la reine survint et lui adressa cette parole remarquable : « Cette main est périssable ; cultivez les beautés de l'âme, et par elles vous mériterez de vivre dans la mémoire des hommes. » C'est ainsi qu'elle ne négligeait aucune occasion de former le caractère de ses enfants et d'élever leur âme par de sages conseils et d'utiles leçons. Rarement une reine comprit mieux ses devoirs de mère et les remplit avec plus de vigilance. Rarement aussi une mère comprit mieux ses devoirs de suzeraine et fit preuve de plus d'énergie et de dignité. Lorsqu'elle fut régente, elle se plaisait à répéter que son plus beau titre à la régence était celui de mère, tutrice naturelle de ses enfants.

Je n'insisterai pas sur le rôle politique joué par Blanche de Castille. On sait que saint Louis, âgé de douze ans quand il perdit son père Louis VIII, n'aurait certes pu conjurer les dangers qui menaçaient l'autorité royale, ni triompher de la ligue formée par les seigneurs, sans la fermeté et le courage de sa mère. A force d'habileté et de hardiesse, Blanche fit rentrer les vassaux dans la soumission et assura la tranquillité dans le royaume. On la vit oublier sa douleur de veuve et contenir ses larmes pour tenir tête à l'armée des rebelles, entamer des négociations, pacifier les provinces. Lorsque saint Louis partit pour la croisade, c'est encore à sa mère qu'il confia la régence, et elle retrouva l'activité de la jeunesse pour remplir sa difficile mission. Elle réprima les désordres et les excès des pastoureaux et obligea nombre de seigneurs à rejoindre son fils après la défaite de la Mansourah. Pendant qu'elle déployait ses éminentes qualités en France, saint Louis donnait l'exemple de toutes les vertus sur la terre étrangère. Les infidèles, auxquels il faisait la guerre, déclaraient eux-mêmes qu'ils n'avaient jamais rencontré « de plus fier chrétien ». C'est en revenant de la croisade, pendant la traversée, que saint Louis fit preuve du plus noble courage et du plus généreux sentiment. Près de l'île de Chypre, son vaisseau toucha contre un rocher et fit eau. On se crut perdu ; tout le monde supplia le roi de passer sur un autre navire. Il refusa : « Si je descends, dit-il, il y a cinq cents personnes qui ne voudront plus rester, et qui demeureront dans l'île de Chypre par peur du péril, courant risque de ne jamais revoir leur pays ; j'aime mieux mettre moi, la reine et mes enfants en danger et en la main de Dieu que de faire un tel dommage à un si grand peuple. »

C'est pendant ce voyage que saint Louis reçut la nouvelle de la mort de sa mère. La douleur qu'il en ressentit fut immense, et le fils de Blanche de Castille tomba même dans le plus profond abattement. « Il mena un tel deuil que de deux jours on ne put lui parler, dit l'historien Joinville. Après cela, il m'envoya querir par un valet de sa chambre, et dès qu'il me vit, il me tendit les bras et me dit : « Ah ! sénéchal, j'ai perdu ma mère ! » Que de regrets et que d'éloges dans ce cri du fils ! Ce n'était pas seulement une mère qu'il perdait ; c'était une conseillère dévouée, une confidente expérimentée, et, pour nous servir des expressions d'un écrivain moderne dans la même circonstance, « une amie, un encouragement, un exemple ».

Toute sa vie, en effet, Blanche de Castille avait conservé

une puissante influence sur son fils ; toute sa vie elle avait
exercé le plus grand ascendant sur son esprit. Elle fut
même si jalouse de son affection et de sa tendresse qu'elle
ne souffrait pas de partage, et ne voulait pas que son fils
demeurât en la compagnie de sa femme, la reine Margue-

Ah ! sénéchal, j'ai perdu ma mère !

rite. On raconte que cette dernière étant un jour malade,
et le roi étant auprès d'elle, la reine Blanche survint. Le
roi se cacha derrière sa femme ; mais Blanche l'aperçut
bien et l'emmena hors de la chambre. La reine Marguerite
alors s'écria : « Hélas ! ne me laisserez-vous voir mon sei-
gneur ni en la vie ni en la mort ! »

Nous avons déjà parlé de l'esprit dominateur de la mère de saint Louis. Non seulement son fils, mais son mari et son beau-père, nous l'avons dit, subirent l'influence de cette femme supérieure. Elle n'avait pas peu contribué à la reprise des hostilités contre les albigeois et le comte de Toulouse. Ce fut elle aussi qui fit envoyer des secours à Louis VIII appelé par les barons d'Angleterre, et elle brava dans cette occasion l'excommunication qui la menaçait. Son extrême dévotion ne l'empêchait pas de retrouver la plus grande fermeté quand il s'agissait des intérêts du trône. Tout en élevant son fils dans les principes les plus sévères de la religion, elle l'avait instruit à ne pas s'en rapporter au clergé ou au pape dans les choses temporelles et à défendre contre eux les prérogatives de la couronne. Elle lui en donna l'exemple quand elle somma les chanoines qui avaient levé un impôt arbitraire sur les gens de Châtenai de délivrer ceux qu'ils avaient emprisonnés pour dettes. Les chanoines répondirent qu'elle n'avait pas à se mêler de leur conduite, et ils entassèrent les femmes et les enfants dans les cachots où avaient déjà été jetés les maris et les pères. Un grand nombre y moururent même étouffés. Blanche se mit elle-même à la tête de ses gens d'armes, brava les menaces d'excommunication des chanoines, et vint donner de sa propre main le premier coup de pioche à la porte de la prison où ses sujets étaient détenus.

Nous terminerons cette étude en renvoyant nos lecteurs à l'histoire même du règne de saint Louis. Qu'ils étudient ses guerres aussi bien que son administration ; qu'ils le voient sur le champ de bataille et dans son conseil ; qu'ils l'examinent dans la prospérité et dans le malheur, au mi-

lieu de ses fidèles sujets et en présence des musulmans
dont il fut le captif. Ils pourront se demander, après avoir
fait cette étude, si le roi Louis fut digne de la mère illustre
qui présida à son éducation. Ils comprendront assurément

Blanche l'aperçut et l'emmena.

qu'en parlant du fils de Blanche de Castille on a le droit
de dire : « Telle mère, tel fils. »

Il est deux noms qu'on a souvent rapprochés et com-
parés : ceux de Marc-Aurèle et de saint Louis. L'empereur
païen et le roi chrétien donnèrent tous deux sur le trône
l'exemple de toutes les vertus. L'un et l'autre furent péné-

trés de ces sentiments qui expliquent tout leur règne : l'amour de la religion, l'amour du devoir. L'un et l'autre ne s'inspirèrent jamais que de leur conscience. L'un et l'autre se firent remarquer par la recherche continuelle du bien, par la volonté constante du juste. Le premier fut un philosophe ; le second, un saint. Mais tous deux ne crurent pas pouvoir mieux faire que de prendre leurs mères pour modèles. C'est à leurs mères qu'ils furent redevables de ces hautes qualités qui firent de celui-ci le plus sage des Antonins, de celui-là le plus vertueux des Capétiens.

HENRI ESTIENNE

(1532-1598)

Tout le monde connaît cette illustre famille des Estienne, famille d'imprimeurs et de savants, prodiges de science et de travail, qui publièrent tant d'ouvrages remarquables et rendirent les plus précieux services aux lettres pendant le seizième siècle. C'est à bon droit qu'on cite parmi ceux qui portèrent l'art de la typographie à sa perfection ces érudits de premier ordre : Robert Estienne, Henri Estienne et Charles Estienne. Henri Estienne surtout fut un homme extraordinaire ; il savait à fond toutes les langues anciennes et les modernes, et quelques-unes des orientales ; il publia nombre d'excellentes éditions. On l'a surnommé l'imprimeur de tous les pays et de tous les âges, imprimeur d'une espèce toute particulière toutefois : car ce qu'il imprima de meilleur, ce sont ses propres ouvrages. Et comme écrivain, il figure avec honneur parmi nos bons auteurs du seizième siècle.

Or, chose curieuse à noter ! Dans cette famille d'hommes remarquables et exceptionnellement doués, les femmes aussi eurent un mérite supérieur, on l'a justement observé, et se distinguèrent par leur esprit cultivé et délicat et par les goûts littéraires ; il y en a même qui furent chantées par les poètes. Elle est digne surtout d'appeler notre attention, cette Perrette Bade, dont les écrivains du temps ont fait l'éloge, et qui fut la mère du plus célèbre des Estienne, de Henri.

Perrette Bade appartenait à une famille où les lettres étaient en honneur, et elle reçut elle-même une solide instruction dans la maison paternelle. On nous la représente comme une personne distinguée, instruite, d'une vive imagination et d'une haute intelligence ; à tous les dons de l'esprit elle joignait une grande modestie. Mariée à Robert Estienne, elle était loin de se désintéresser des glorieux travaux de son mari ; elle était elle-même fille d'un imprimeur distingué, à qui on attribue même une révolution dans la typographie ; c'est Josse Bade qui fit abandonner les lettres gothiques pour les caractères romains. Josse Bade fit donner une solide instruction à sa fille, étant lui-même, suivant l'expression de Henri Estienne, « un homme de bon esprit et de grandes lettres pour son temps ». La maison dans laquelle entrait Perrette Bade en se mariant était alors le rendez-vous de tous les savants et de tous les érudits de l'époque. Les contemporains ont parlé avec admiration de « cette docte académie qui entourait Robert Estienne », et ils se plaisent à reconnaître que la femme du célèbre impri-

meur fut digne de la présider et qu'elle s'y montra au niveau
commun. Ce n'est pas un petit éloge quand on songe
que là pouvaient se rencontrer des gens comme Turnèbe,
l'éminent philologue connu par ses savants commentaires
et ses traductions des langues anciennes ; le fameux hellé-
niste Danès ; Vatable, professeur d'hébreu au Collège royal
que venait de fonder François Ier ; Lambin, le sage commen-
tateur dont maints écoliers ont conservé les traditions de
lenteur dans les travaux. car c'est lui qui a donné naissance
à notre verbe *lambiner*.

Voilà le milieu dans lequel fut élevé et grandit Henri
Estienne sous la surveillance maternelle. Robert Estienne
était trop occupé pour diriger l'éducation de son fils, et ses
travaux multiples ne lui permettaient pas de se consacrer
à une tâche aussi importante. C'est à sa mère que Henri
Estienne dut les progrès rapides qu'il fit dans ses études ;
c'est d'elle qu'il tint cette facilité au travail, cette conception prompte, cette vive intelligence qui le distinguèrent ;
c'est d'elle encore qu'il acquit cette facilité extraordinaire
avec laquelle il s'exprimait en latin. Quoi d'étonnant quand
on saura que la langue latine était la langue maternelle
pour l'enfant? C'est en effet dans la langue de Cicéron et
de Virgile qu'il pouvait causer avec sa mère et sa tante.
« Votre aïeule, écrivait-il plus tard à son fils, entendait
aussi facilement que si l'on eût parlé en français tout ce
qui se disait en latin, et votre tante Catherine, loin d'avoir
besoin d'un interprète pour comprendre cette langue, savait
s'y énoncer de façon à être claire pour tout le monde. »

Non seulement la mère et la tante s'exprimaient en latin ;
non seulement le père ne permettait pas à ses fils d'employer

un autre idiome, mais les domestiques même, finissaient
par en user. On a dit en plaisantant que de la cave au grenier
tout le monde parlait latin dans la maison. Robert Estienne
employait dans son imprimerie dix correcteurs, hommes
issus de toutes les nations et parlant toutes les langues ; ces
étrangers, que Henri Estienne appelle un décemvirat littéraire, avaient une instruction rare. Pour s'entendre entre
eux, ils avaient adopté un idiome commun, la langue latine ;
les domestiques qui les servaient à table retenaient nombre
de mots latins et en usaient à l'occasion. Mais combien ces
propos de table, ces conversations de son entourage, ces
causeries avec sa mère, sur les lèvres de laquelle il pouvait
recueillir le parler de Virgile et de Cicéron, combien tout
cela ne devait-il pas frapper l'oreille et l'esprit du jeune Henri
Estienne ! Heureuse et féconde éducation ! L'enfant apprenait, en se jouant, ce qu'on n'acquiert d'habitude que par
des efforts et des fatigues sans nombre. Assurément, sans
travail et sans peine, il put se meubler l'esprit d'une multi-
tude de connaissances précieuses. Aussi, que de brillants résultats ! A vingt ans, Henri Estienne commentait le poète
latin Horace, dont il récitait par cœur dans son enfance un
grand nombre d'odes et d'épîtres ; il composait des pièces
latines et grecques en vers ou en prose avec une facilité
merveilleuse ; il parlait les idiomes étrangers avec une
aisance et une habileté étonnantes. Voici même à ce propos une petite anecdote assez plaisante. Dans un voyage
qu'il fit en Italie, il fut chargé d'une mission à Naples
par l'ambassadeur français ; accusé d'espionnage, il parla
l'idiome napolitain comme s'il l'eût pratiqué toute sa vie,
et rien dans son accent ne trahit son origine étrangère ;

c'est ce qui le sauva. Quant à cette rapidité de conception
et cette vivacité d'intelligence qu'il tenait de sa mère, on
pourra en juger par ce fait, qu'à onze ans ses progrès en
grec étaient tels qu'il fut jugé digne d'être l'élève des
plus habiles maîtres. L'illustre professeur Danès, que nous
avons nommé plus haut, se chargea de continuer les études
du petit savant, bien qu'il refusât sévèrement d'habitude de donner des leçons même aux enfants des plus
nobles familles. Combien y a-t-il d'écoliers qui seraient
capables, à un âge aussi tendre, de traduire toute une tragédie d'Euripide et de l'apprendre par cœur ? Quelle somme
d'efforts et quel prodige de mémoire cela ne suppose-
t-il pas ? Voilà pourtant le joli tour de force que fit Henri
Estienne. C'était l'usage, de son temps, de faire jouer par
les écoliers les chefs-d'œuvre des tragiques grecs ; on
transformait les élèves en acteurs pour stimuler leur
ambition. Séduit par l'harmonie des vers, le jeune Henri
voulut avoir un rôle dans la tragédie de *Médée* d'Euripide,
quoiqu'il fût bien inférieur en âge à tous ses camarades.
Mais pour cela il fallait savoir le latin : car on traduisait
alors le grec, non pas en français, comme de nos jours,
mais en latin. Le jeune ambitieux répondit qu'il n'ignorait
pas la langue qu'il avait bégayée sur les genoux de sa
mère. Il apprit la tragédie par cœur, et à force d'étudier et
de jouer les différents rôles, il la répétait, à ce qu'on prétend, pendant son sommeil. Du reste, consacrer à l'étude
le temps qu'on donne d'ordinaire au sommeil, voilà une
chose fort peu difficile pour Henri Estienne et qui lui arrivait bien fréquemment. C'est lui qui engageait plus tard
son fils à travailler le plus possible et à être sobre de nour-

riture ainsi que de sommeil. Beaucoup d'ouvrages du savant imprimeur ont été prélevés sur ses heures de repos : on sait qu'il écrivait et qu'il composait une grande partie de la nuit. Ce qu'on sait moins peut-être, c'est qu'il s'accusait d'être un paresseux. Personne ne sera tenté de soutenir l'accusation, n'eût-on de Henri Estienne que son seul Dictionnaire de la langue grecque (*Thesaurus linguæ græcæ*), ouvrage d'une érudition profonde, d'un labeur immense et qui suffit pour occuper la vie d'un homme. Gardons-nous donc de croire ici sur parole celui qui se fait pareil reproche, soit qu'il parle de ses occupations de l'âge mûr, soit qu'il songe à ses années d'enfance et de jeunesse. sur lesquelles nous allons revenir. Toujours avide de savoir et de connaître, le jeune Henri se prit un jour de passion pour l'astrologie judiciaire et l'alchimie. Il se livra avec ardeur à cette nouvelle étude, et négligea quelque temps Homère et Platon pour les prétendues sciences qui piquaient vivement sa curiosité. Pour obtenir l'assentiment de son père, il décora son nouveau professeur du titre de maître de mathématiques et de géométrie ; mais il n'avait pas la somme nécessaire pour ces leçons qui se payaient fort cher. Ce fut l'indulgente mère qui se fit la complice du petit curieux, qui voulut bien payer le surplus, et le mit ainsi en état, non de changer les métaux en or, mais de s'assurer par lui-même combien de pareilles sciences étaient vaines et chimériques.

A quatorze ans, Henri Estienne prit part aux travaux de son père. Ce n'était pas une petite affaire que d'aider dans sa tâche celui qui se fit une réputation par le soin qu'il mettait dans ses copies, qui eut de sa profession ou de son

art une idée telle que, recevant un jour la visite de François Ier, il ne se dérangea pas et pria le monarque d'attendre qu'il eût fini ses corrections. Tel est l'homme dont
notre jeune savant partagea les occupations. Et Robert
Estienne s'en souvint bien quand il légua plus tard à son
fils son établissement d'imprimerie et l'institua son héri-

François Ier chez Estienne.

tier universel. Les services que l'enfant rendait à son père
n'étaient pas de ceux que pouvaient lui rendre ces écoliers
à qui le vaillant imprimeur donnait quelque récompense,
lorsqu'ils venaient lui signaler des fautes dans les feuilles
qu'il exposait publiquement à cet effet. C'était plaisir de
voir le jeune fils de Perrette Bade, assis gravement au milieu de tous ces étrangers et de ces savants, et, comme

d'autres attendent l'heure du jeu ou de la récréation, attendre que son père lui distribuât sa besogne, et quelle besogne ! Il ne s'agissait pas de lire quelques-uns de ces volumes si élégants de format et de reliure, si remarquables par la netteté des caractères, si agréables à l'œil, que nous mettons de nos jours entre les mains de nos écoliers (et encore en est-il plus d'un qui se rebute à la tâche). Qu'on se figure le jeune Estienne concentrant tout son esprit et toute son attention à la lecture de textes poudreux, parfois tronqués ou mutilés, d'une écriture souvent difficile et pénible, se donnant beaucoup de mal et de peine pour nous éviter à nous-mêmes la fatigue. Sachons gré au savant écolier occupé avec son père à collationner des manuscrits, à déchiffrer, à épurer, à commenter, à reviser avec soin ces éditions grecques ou latines qui ont fait tant d'honneur à la famille des Estienne et au pays qui a produit ces précieux travaux.

A quinze ans, le jeune imprimeur quitta la maison paternelle et se mit à voyager à Rome, à Naples, à Florence, vrai chevalier des lettres, visitant les bibliothèques, étudiant les manuscrits, se liant avec tous les savants de l'époque. Les voyages étaient loin d'être aussi commodes que de nos jours. On nous représente notre chercheur infatigable, non pas assis dans une bonne chaise de poste, mais galopant presque toujours seul (c'était d'ailleurs un cavalier consommé), tenant à la main son crayon et ses tablettes, trompant les ennuis de la route par des compositions latines ou grecques, forcé de s'arrêter bien souvent dans un mauvais gîte. Mais avec la gaieté et la bonne humeur de son âge, il faisait, comme nous disons familière-

ment, bon cœur contre mauvaise fortune. C'est pendant
son séjour en Italie qu'il travailla dans la fameuse imprimerie des Aldes, qui nous ont restitué tant de chefs-
d'œuvre de l'antiquité, et dont notre jeune voyageur
rêva d'égaler la réputation. On sait s'il y parvint. Les Estienne ont été en France ce que les Aldes furent en Italie. Ils ont élevé à la langue grecque, comme à la langue latine, des monuments impérissables. Mais, dans
cette famille dont la loi suprême semble avoir été le travail, et où l'amour des lettres s'est conservé comme une
tradition, la première place revient, sans contredit, au fils
de Perrette Bade.

D'après tout ce que nous venons de dire, on peut voir
que l'enfance de Henri Estienne ne serait pas indigne de
figurer dans ce qu'on est convenu d'appeler les « Enfances
célèbres ». Nous y remarquons la précocité de l'esprit,
l'éclosion prématurée du talent, des aptitudes et des facultés
au-dessus du jeune âge. Mais ne peut-on pas ajouter que
de pareilles enfances ne s'observent généralement que là
où il y avait des soins particuliers, une surveillance spé-
ciale, une excellente éducation enfin ? C'est par l'éducation qu'ont besoin d'être developpés et se développent en
effet les heureuses dispositions, les bons instincts, les nobles sentiments. Où ils manquent, la mère peut les inspirer.
Que ne fera-t-elle pas quand elle n'aura plus qu'à les cultiver, et quels ne seront pas les résultats lorsqu'elle appor-
tera dans cette tâche toute sa tendresse, toute sa volonté
et tous ses moyens ?

Henri Estienne lui-même confirmera notre opinion. C'est
à lui que nous empruntons cette belle pensée qu'il a sans

doute puisée dans ses propres souvenirs et dans sa propre expérience et qui est digne des plus illustres pédagogues : « La mère obtient par la persuasion ce que les autres n'obtiennent souvent que par les coups. » C'est à son fils que Henri Estienne adresse cette observation, répétée depuis par les meilleurs maîtres, et notamment par Rousseau et Pestalozzi, qui se sont efforcés de propager la même idée. Le fils de Perrette Bade était du reste convaincu que la mère, en matière d'éducation, exerce une influence heureuse et salutaire. Il se félicitait d'avoir trouvé lui-même une épouse instruite et capable de diriger l'éducation de sa jeune famille. Il eut une fille d'une grande distinction et un fils sur lequel il fonda les plus belles espérances. Il lui disait avec un légitime orgueil : « L'Europe a les yeux sur nous; » et en l'engageant à maintenir la tradition glorieuse des Estienne, il ne songeait guère à s'attribuer à lui-même les heureux résultats de la bonne éducation reçue par celui qui devait être son successeur : « Quel bonheur pour vous, écrivait-il à son fils Paul, d'avoir eu une mère comme la vôtre et d'avoir été l'objet de ses soins ! » Il ne lui échappait pas que ce n'est pas seulement l'esprit de l'enfant qui est formé par la mère, mais encore le cœur et le caractère ; et il ajoutait encore avec beaucoup de raison : « Si la vertu peut s'enseigner, qui est plus capable de donner un pareil enseignement qu'une mère? » Inutile de dire que le fils de Perrette Bade parlait bien souvent de leur aïeule à ses enfants et la citait fréquemment comme un exemple à suivre.

N'oublions pas que Perrette Bade eut d'autres fils qu'elle éleva aussi avec soin et dont elle fit l'éducation ; ils protirent des leçons de leur mère, et maintenant encore ils ne sont pas sans renom et sans estime auprès de tous ceux qui s'intéressent aux lettres. Mais Henri Estienne est tellement célèbre et tellement cité partout qu'il a fait oublier ses autres frères. Il était leur aîné par l'âge ; il demeura leur aîné par ses talents et par sa réputation universelle.

Après avoir lu cette biographie, on conviendra aisément que Henri Estienne mérite d'être appelé un élève modèle. Nous profiterons de l'occasion pour dire qu'il ne fut pas une exception en son temps, et que le seizième siècle fut, par excellence, l'époque des écoliers d'élite, des fortes études et des fortes générations, de la rude discipline et de la vie laborieuse du collège. Nous connaissons moins bien que ceux d'alors les habitudes matinales, les veilles prolongées, les privations, les conversations sérieuses et nourries, l'amour, je pourrais dire le respect de l'étude. Donnons un souvenir à ce temps où un écolier disait : « Je me suis donné de toute mon âme à l'étude du grec, et aussitôt que j'aurai quelque argent, j'achèterai des livres grecs d'abord et ensuite des vêtements. » Mentionnons ce Henri de Mesmes qui, parlant de sa jeunesse, écrivait : « Nous étions debout à quatre heures ; et ayant prié Dieu, allions à cinq heures aux études, nos gros livres sous le bras, nos écritoires et nos chandeliers à la main. » N'oublions pas non plus le poète Ronsard et son ami Baïf. Ronsard « demeurait à l'étude jusqu'à deux ou trois heures après minuit, et en se couchant, il réveillait le jeune Baïf qui, se levant et prenant la chandelle, ne laissait pas refroidir la place ».

Nous n'exigerons pas de nos lecteurs tant d'efforts et

de labeur ; nous ne demanderons pas pour eux cette mâle
et vigoureuse éducation ; nous ne voulons même pas qu'ils
aient des livres et pas de vêtements. Mais du moins puissent-
ils suivre de loin le modèle que nous leur citons ! Puissent-
ils se souvenir parfois du désintéressement et de l'ému-
lation de tant d'illustres écoliers, et ne pas négliger les
occasions d'être « paresseux » comme Henri Estienne.

HENRI IV

(1553-1610)

« Si Henri IV, dit Voltaire, n'avait été que le plus brave
prince de son temps, le plus clément, le plus honnête
homme, son royaume était ruiné ; il fallait un prince qui
sût faire la guerre et la paix, connaître toutes les blessures
de son État et y porter remède ; veiller sur les grandes et
sur les petites choses ; tout réformer et tout faire. C'est ce
qu'on trouva dans Henri IV. »

Or, de qui Henri IV tenait-il toutes ces brillantes qualités
qui en ont fait un des rois les plus populaires de notre histoire ? Il avait neuf ans à peine quand il perdit son père,
Antoine de Bourbon ; celui-ci laissa d'ailleurs la réputation
d'une homme peu digne d'estime et de regrets. « Léger
et insignifiant, » voilà comme le traite un contemporain qui
l'a bien connu. Ne cherchons donc pas l'influence paternelle dans l'éducation de celui qui fut un si grand prince

et occupons-nous immédiatement de celle dont l'historien d'Aubigné a fait un si bel éloge, de Jeanne d'Albret, la mère de Henri IV. « Elle n'avait de femme que le sexe ; l'âme entière aux grandes choses ; l'esprit puissant aux grandes affaires et le cœur invincible aux grandes adversités. » Il n'y a rien à ajouter à ces lignes d'une éloquente concision. Qu'on juge comment fut élevé l'enfant confié aux soins d'une telle mère ! Disons cependant que Jeanne d'Albret « naturellement véhémente », au dire d'un biographe, eut comme précepteur un poète latin célèbre de l'époque. Celui-ci se plaisait à entretenir son élève d'actions courageuses et de résolutions capables de fortifier son âme. Il lui enseigna également le latin et le grec. Le roi Henri II ainsi que François Ier portèrent la plus vive affection à l'enfant ; on l'appelait même à cause de cela la mignonne des rois. Jeanne d'Albret, à l'âge de douze ans, avait été mariée au duc de Clèves ; on dit que la petite mariée était si chargée de pierreries et que sa robe d'or et d'argent était si lourde, que le roi commanda à quelqu'un de sa suite « de prendre sa petite nièce et de la porter jusqu'à l'autel ». Ce mariage fut d'ailleurs déclaré nul, et Jeanne d'Albret épousa plus tard Antoine de Bourbon. De cette union naquit celui qui fut Henri IV.

Robuste et bien constitué, le fils de Jeanne d'Albret fut élevé à la béarnaise, c'est-à-dire que, suivant l'expression d'un biographe, il ne fut pas mignardé délicatement et ne devint pas un garçon malingre, pleureur et rechigné. Aussitôt que Henri put marcher, on le laissa courir avec les autres enfants de son âge. Le matin, il faisait de longues courses à pied dans les montagnes, grimpait sur les rochers, s'exposait au soleil, à la pluie. Ne croyez pas qu'il endommageât de riches habits en se livrant à de pareils exercices. On ne le voyait pas vêtu comme un fils de roi. Il allait pieds nus, tête nue, comme les jeunes paysans, en été aussi bien qu'en hiver. Que de fois il revint de ses promenades couvert de boue, trempé par l'averse, ou bien le teint hâlé par

Château de Pau où est né Henri IV.

les rayons du soleil et le corps tout en eau ! En toute saison aussi il faisait de longues courses à cheval à bride abattue. Son sommeil était borné à cinq ou six heures ; par ordre de sa mère on le réveillait à la pointe du jour. Quelquefois il couchait, tout habillé, sur une simple paillasse. Et pour se remettre de toutes ces fatigues et se réconforter il ne venait pas s'asseoir devant une table richement servie. Il partageait la nourriture des jeunes Béarnais : du pain noir, de l'ail, du bœuf, du fromage. Ceci même fut cause qu'il lui arriva une aventure assez piquante, lorsqu'il revint dans le Béarn après un séjour assez long à la cour du roi Charles IX. Les paysans vinrent complimenter celui qui avait partagé les exercices, les jeux, la nourriture de leurs enfants. L'un d'eux, chargé de haranguer le prince, lui dit familièrement qu'il ne trouvait rien dans sa cervelle; mais, pour le dédommager de son discours manqué, il apportait à son royal interlocuteur des fromages pareils à ceux qu'il mangeait dans son enfance. Henri remercia en riant, récompensa généreusement le paysan et tous ses camarades, et les fit boire. Ceux-ci se retirèrent en louant fort le bon cœur et le bon vin de leur hôte.

Quand on examine bien cette mâle et vigoureuse éducation, on ne peut manquer de convenir qu'elle dut donner des résultats tout particuliers. Elle fut cause que Henri IV supporta toujours avec la plus grande patience les veilles et les fatigues et que son corps et sa santé résistèrent aux plus rudes épreuves. Il ne fallait rien moins qu'un pareil apprentissage et une si rude discipline à celui qui écrivait plus tard, au milieu des guerres civiles : « L'état où je me trouve réduit est tel que je n'ai pas quasi un cheval sur lequel je puisse combattre, ni un harnais complet que je puisse endosser; mes chemises sont toutes déchirées, mes pourpoints troués au coude. Ma marmite est souvent renversée, et depuis deux jours je dîne et soupe chez les uns et chez les autres, mes pourvoyeurs disant n'avoir plus moyen de me fournir pour ma table, d'autant plus qu'il y a plus de six mois qu'ils n'ont reçu d'argent. » Quelles privations et quelle détresse ! Mais aussi quel courage et quelle bonne humeur dans les circonstances les plus critiques! Il se souvint assurément, et plus d'une fois, de ses jeunes années, le Béarnais qui fut toujours « merveilleusement actif », qui durant la guerre venait s'asseoir au

Enfance de Henri IV.

corps de garde, se couchait sur la paillasse, tenait d'une main un morceau de pain bis qu'il mangeait, et de l'autre un charbon pour dessiner quelque campement ou quelque tranchée. Volontiers il prenait le pic pour remuer la terre et exciter lui-même ses soldats au travail; il était alors moins leur chef que leur camarade. C'est là, du reste, un trait de caractère particulier à Henri IV. L'éducation qu'il avait reçue ne contribua pas seulement à le rendre leste et vigoureux, mais encore elle lui laissa pour toute sa vie ces manières franches et aisées, cette confiance, cette facilité, cette apparence de bonhomie, ces habitudes familières que l'on remarque chez celui qu'on a surnommé le père du peuple. Enfant, il courait avec les petits paysans, se battait avec eux, partageait leur vie frugale, se plaisait dans leur société; roi, il se familiarisait avec les plus petits, s'écartait de sa suite pour se mêler avec les villageois et les marchands dans les hôtelleries. Et comme il semblait à plusieurs que cette facilité populaire offensait la gravité royale, il disait : « Les rois tenaient à déshonneur de savoir combien valait un écu; et moi, je voudrais savoir ce que vaut un liard, combien de peine ont les pauvres gens pour l'acquérir, afin qu'ils ne fussent chargés que selon leur portée. » Il apprenait, en conversant ainsi avec ceux qui ne le connaissaient pas, mille vérités qu'on lui aurait tenues cachées, les griefs de ses sujets, tantôt contre quelque gentilhomme violent et emporté, tantôt contre un financier peu scrupuleux. Il s'attirait en même temps l'affection de tous ceux qui l'entouraient, et savait leur inspirer un dévouement sans bornes pour sa personne. C'est un bien joli mot qu'il adressait à celui qui s'étonnait un jour de voir un grand nombre d'officiers se presser assez familièrement autour de lui dans son palais : « Ils me pressent bien autrement les jours de bataille. » Voilà de ces reparties heureuses dont le fils de Jeanne d'Albret était coutumier et qui suffisent à gagner les cœurs. On a cité assez souvent ces lignes à Crillon : « Pends-toi, brave Crillon ! Nous avons combattu à Arques et tu n'y étais pas. » On voit que l'aisance et la franchise des manières se retrouvaient encore dans le langage. Il est difficile d'imaginer quelque chose de plus familier et de plus noble, à la fois, que le discours de Henri IV aux notables de Rouen : « Je vous ai fait assembler pour recevoir vos conseils et pour les suivre, bref pour me mettre en tutelle entre vos mains ; envie qui ne prend guère aux rois, aux barbes grises, aux victorieux ; mais le violent amour que j'apporte à mes sujets me fait trouver tout aisé et honorable. » Henri IV, on l'a dit avec raison, est tout entier dans cette scène : franchise, simplicité, bonne humeur. Au conseil comme sur le champ de bataille, c'est toujours le Béarnais.

Je n'ai parlé jusqu'ici que de la rude éducation du roi, de son caractère, de ses manières ; il me reste à dire un mot de son instruction. Jeanne d'Albret ne voulut pas que son fils devînt, suivant sa propre expression, un illustre ignorant. Elle lui donna des connaissances solides et variées. Pour lui apprendre comment l'on devient un grand prince, elle lui mit entre les mains l'histoire des grands hommes de Plutarque. Ce livre produisit une heureuse impression sur l'esprit du jeune lecteur, et il en garda toujours le meilleur souvenir. Voici ce qu'il écrit lui-même à ce sujet : « Plutarque me sourit toujours d'une fraîche nouveauté ; il a été l'instituteur de mon bas âge ; l'aimer, c'est m'aimer. Ma bonne mère à qui je dois tant et qui ne voulait pas, disait-elle, voir en son fils un illustre ignorant, me mit le livre entre les mains, encore que je fusse à peine un enfant de mamelle. Il m'a dicté à l'oreille beaucoup de bonnes honnêtetés et maximes excellentes pour ma conduite et le gouvernement des affaires. » Rappelons à ce propos que Henri IV savait par cœur un grand nombre de belles sentences et de maximes tirées des meilleurs auteurs ; il les appliquait si à propos que ses maîtres en étaient tout étonnés. En même temps que Jeanne d'Albret faisait lire à son fils un livre dont il devait retirer tant de profit, elle lui donnait un bon et sage précepteur. C'est à cette occasion qu'elle adressa au jeune Henri cette parole remarquable : « Je ne vous ai donné que la vie ; mais votre instituteur vous apprendra à bien vivre, ce qui est préférable. » Bien vivre ! n'est-ce pas la devise même de celui qui disait : « Ralliez-vous à mon panache blanc ; vous le trouverez toujours dans le chemin de la victoire ou de l'honneur. » Je citerai un autre exemple de la vie de ce prince, où il se montra fidèle aux enseignements reçus dans sa jeunesse, et où il se plaît à rappeler qu'il a été élevé dans les meilleurs principes. On l'engageait un jour à retenir prisonnier le duc de Savoie ; c'était s'assurer de précieux avantages, mais en manquant à la parole donnée. Le fils de Jeanne d'Albret répondit : « J'ai puisé dans ma naissance et j'ai appris, de ceux qui m'ont nourri, que l'observation de la foi est plus utile que tout ce que la perfidie promet. » Et il refusa de faire une chose contraire à l'honneur et à la loyauté.

Il est à peine besoin de dire à mes lecteurs que le roi Henri fut élevé dans la religion protestante qui était celle de sa mère. Jeanne d'Albret, qui avait toujours favorisé les

réformés, embrassa ouvertement le calvinisme après la
mort de son époux et devint le principal appui de tous les
calvinistes de France. Elle eut soin d'inculquer ses sentiments religieux à son fils, et de le préparer à devenir le

Henri IV.

chef du parti qui plaçait tout son espoir dans la maison de
Navarre. Elle le conduisit elle-même à La Rochelle auprès
de Condé et de Coligny, à qui elle amena des secours at-
tendus avec impatience. Escortée par deux cents gentils-
hommes, accompagnée du jeune Henri, Jeanne d'Albret

descendit des Pyrénées, portant un trésor destiné aux protestants dans la détresse. Cette femme de cœur n'avait pas hésité à aliéner ses domaines, à engager ses bijoux, ses bagues, son collier d'émeraudes. Ce fut elle qui releva la fortune chancelante de son parti. Après la bataille de Jarnac où Condé fut tué, elle fut admirable de fermeté courageuse et de décision d'esprit. Ce fut elle qui harangua les troupes, les rallia et leur présenta son fils Henri alors âgé de quinze ans, ainsi que le jeune Condé, fils de celui qui avait péri dans le combat : « Voilà deux nouveaux chefs que je vous donne, et deux orphelins que je vous confie, » dit cette femme énergique et vaillante en pénétrant au camp des protestants ; et elle releva le courage des soldats démoralisés par la journée de Jarnac.

Elle avait reçu la nouvelle de la mort de Condé, son proche parent, avec la résignation et la fermeté d'une Spartiate. Elle disait : « Notre consolation est qu'il est mort au vrai lit d'honneur pour le service de Dieu et de son roi, et le repos de sa patrie. » Cette courte oraison funèbre ne suffit-elle pas pour justifier le mot de d'Aubigné que nous avons cité plus haut et qui est à l'éloge de Jeanne d'Albret : « L'âme entière aux grandes choses et le cœur invincible aux grandes adversités. »

Cette « âme entière aux grandes choses » se retrouve déjà dans le jeune homme de quinze ans qui, le jour de la bataille de Jarnac, brûlait d'envie de partager les dangers des siens. On ne lui permit pas de hasarder sa personne ; et il s'écria, comme s'il avait déjà conscience de sa valeur : « Nous perdons notre avantage, et par conséquent la ba-

taille. » On a même prétendu que le jeune fils de Jeanne
d'Albret en remontra ce jour aux vieux capitaines, qu'il
leur fit bien voir qu'il n'y avait pas moyen de combattre,
parce que leurs forces étaient dispersées et celles de
l'ennemi réunies ; mais on était trop engagé pour reculer. Toujours arriva-t-il que les soldats n'accordèrent pas
une médiocre confiance à celui qui, à seize ans, avait plus
de lumières que des généraux expérimentés, et justifiait
ainsi les paroles de sa mère disant aux troupes abattues :
« Voici un nouveau chef. »

Ces paroles, il devait les justifier dans bien des circonstances encore. Il devait surtout se montrer digne, en toute
occasion, de la femme héroïque qui fondait sur lui tant
de belles espérances. C'est bien le « cœur invincible » de
la mère que l'on reconnaît dans celui qui, voyant ses soldats
reculer devant l'ennemi, leur criait : « Tournez visage
afin que, si vous ne voulez pas combattre, vous me voyiez
au moins mourir; » qui, à Coutras, s'adressait au prince de
Condé et au duc de Soissons en ces termes : « Cousins, je
ne vous dis autre chose sinon que vous êtes du sang de
Bourbon ; et vive Dieu ! je vous montrerai que je suis votre
aîné. » La mère qui engageait ses bijoux, aliénait ses domaines, se dépouillait en faveur des siens méritait bien
d'avoir pour fils le roi qui secourait ceux qu'il assiégeait
dans Paris et leur disait : « Le Béarnais est pauvre, il vous
donnerait davantage s'il pouvait. »

Je ne dois pas passer sous silence un trait de caractère,
tout à l'honneur de Jeanne d'Albret, et qu'elle transmit assurément à son fils : je veux parler de l'esprit de tolérance. La
reine de Navarre, malgré les intrigues de la France et de

l'Espagne, malgré les menaces du pape, refusa d'établir l'inquisition dans ses États. Elle aima mieux courir le risque de voir son royaume attaqué et envahi que de prendre une mesure injuste et violente à l'égard de ses sujets. Il se souvenait de ce noble exemple, celui qui publia le fameux édit de Nantes et qui disait : « Il ne faut pas faire de distinction des catholiques et des huguenots. Je suis berger, qui ne veux pas répandre le sang de mes brebis ; mais je les veux rassembler avec douceur. »

C'est là, en effet, la noble tâche qu'entreprit celui dont le poète Voltaire a dit qu'il fut « de ses sujets le vainqueur et le père ». Après avoir conquis son royaume, il voulut y introduire une sage administration. Nous n'insisterons pas sur les mesures adoptées par le roi qui fut l'ami de Sully et qui sut joindre « la sage administration de Charles V à la valeur de François Ier et à la bonté de Louis XII ». Il serait intéressant de lire à cet égard les lettres adressées par Henri IV aux gouverneurs des provinces, aux intendants, aux parlements : « Ayez soin de mon peuple, » leur répète-t-il constamment ; ce sont mes enfants. » Apprenant qu'on avait causé quelques dégâts dans des maisons de paysans, il s'écrie : « Vive Dieu ! s'en prendre à mon peuple, c'est s'en prendre à moi ; » et il ordonne à ses gens de partir en diligence et de réparer le mal. On connaît ce beau souhait, qui n'a pas fait peu d'honneur à celui qui l'exprimait : « Si Dieu me donne encore la vie, je ferai qu'il n'y aura pas de laboureur dans mon royaume qui n'ait moyen d'avoir une poule dans son pot. »

C'est par de tels mots que Henri IV est demeuré si populaire, plus encore peut-être que par sa bravoure et sa générosité. C'est par ces reparties que l'on cite toujours, c'est par ces paroles passées pour ainsi dire en proverbes, et venant toujours du cœur, que sa mémoire est jeune encore et respectée. Mais, si la reconnaissance publique n'a pas oublié Henri IV, elle se souvient aussi de la mère héroïque qui l'éleva. Il semble même que, plus que pour tout autre prince, la postérité se complaise dans les souvenirs de son enfance et de sa jeunesse ; elle rappelle les lieux où il passa ses premières années, l'éducation virile qui lui fut donnée, les traits particuliers qu'une telle éducation lui a imprimés. N'est-ce pas tout cela dont elle perpétue la mémoire quand elle laisse au fils de Jeanne d'Albret le surnom dont il se décorait volontiers lui-même : le Béarnais ?

Notre étude ne serait pas complète si nous n'engagions nos lecteurs à considérer encore Henri IV sous un aspect nouveau. Nous voulons parler, non du guerrier ni de l'administrateur, mais de l'écrivain. On a du roi Henri des billets charmants, de vrais chefs-d'œuvre de grâce et de délicatesse. Sa correspondance est remarquable par la vivacité des tours et l'originalité de l'expression ; le bon sens et la netteté caractérisent ses lettres politiques et militaires. En les lisant, on songe parfois à César qui mania, comme on sait, la plume et l'épée. Mais ce qu'on ne trouve pas chez l'historien latin, c'est cette allure familière dans les lettres comme dans les harangues ; c'est la bonhomie sous laquelle se cache une profonde finesse ; c'est la bonne humeur, la gaieté, parfois la verve railleuse, nous allions dire gasconne. Henri IV est encore connu par son esprit d'à-propos, ses ripostes pleines de malice, ses bons mots. Il avait en outre du savoir, faisait estime de la science, donnait des pensions à des gens de lettres, non seulement en France, mais encore en Italie et en Allemagne. En cela, comme dans tout le reste, Henri IV tenait de sa mère. Au courage et à l'intrépidité Jeanne d'Albret joignait la sagesse et l'esprit. Elle montra de la prédilection pour les savants et cultiva les lettres. Elle avait reçu dans sa jeunesse les leçons d'un poète latin célèbre de l'époque. Elle composa elle-même diverses pièces en vers et en prose, éloquentes et spirituelles. On dit qu'elle visita un jour l'imprimerie de Robert Estienne et qu'elle imprima elle-même un quatrain qu'elle avait improvisé tout exprès.

Elle était d'humeur si joviale qu'on ne s'ennuyait pas auprès d'elle, nous rapporte un biographe.

Elle se montra la digne fille de Marguerite de Valois, la sœur de François Ier, celle qu'on a appelée la Marguerite des Marguerites. Cette princesse fut remarquable par son imagination et son esprit. Mariée à Henri d'Albret, roi de Navarre, elle accueillit dans ses États plusieurs savants, ainsi que d'illustres réfugiés protestants, comme Calvin. On lui avait reproché à la cour de François Ier de favoriser les huguenots et d'incliner à la Réforme. On a pu voir si ces dispositions et ces sentiments passèrent dans l'âme de sa fille Jeanne d'Albret.

Le fils de Jeanne d'Albret, pour nous servir d'une expression familière, tenait donc bien de famille.

MARMONTEL

(1723-1799)

C'est une lecture bien intéressante que celle des *Mémoires* de Marmontel. On peut y voir au prix de quels efforts, de quel travail, de quelles privations, cet écrivain parvint à la réputation. On peut y voir aussi quel rôle joua dans son éducation celle dont il disait : « Tant qu'elle a vécu, ma mère a été ma suprême loi. »

C'est au village de Bort, situé sur la Dordogne, entre le Limousin et l'Auvergne, que naquit Marmontel. Le père du célèbre critique ne destinait nullement son fils aux études. Il rêvait pour lui quelque bonne place dans le commerce, et ses vœux auraient été comblés s'il avait pu le faire entrer chez un des gros marchands de la province. Quand on lui parlait de faire enseigner le latin à son fils, il disait : « C'est du temps mal employé ; le latin ne fait que des fainéants. » Il craignait surtout que l'instruction n'entrainât trop de frais.

Qui triompha de la résistance paternelle et décida de la vocation de l'enfant ? Ce fut la mère : grâce à elle, le petit Marmontel put aller chez le curé du village apprendre les premiers éléments d'une langue odieuse à son père. Celui-ci aurait bien voulu interrompre une telle étude, et il prétexta même un jour la mauvaise santé de l'écolier pour faire renoncer la mère à son projet. Marmontel nous apprend que la nature lui avait refusé le don de la mémoire, et que les mots ne laissaient pas de trace dans sa tête. Il s'obstina, comme il l'écrit lui-même, à suppléer par l'application à la faiblesse de son organe. Mais le travail excéda ses forces ; ses nerfs en furent affectés ; il devint comme un somnambule ; il répétait la nuit ses leçons à haute voix, les yeux ouverts. « Ce garçon deviendra fou si vous ne lui faites pas quitter ce malheureux latin, » s'écria plusieurs fois le père. Le travail fut suspendu pendant quelque temps ; et la crise passée, l'enfant se remit à l'étude avec plus d'ardeur que jamais.

Mais ce qu'il pouvait apprendre dans son pauvre petit village ne suffisait vraiment pas ; il fallait le mettre au collège. Grosse affaire pour un père assez mal disposé et qui avait encore de lourdes charges de famille ! Il s'y décida pourtant. « Pressé par ma mère qui voulait qu'au moins son fils aîné fît ses études, il consentit à me mener au collège de Mauriac. » Ce fut un jour terrible pour le jeune Marmontel, quand il partit avec son père. Celui-ci avait déclaré que, si son fils ne pouvait pas entrer immédiatement en quatrième, il le ramènerait à la maison. Et la menace fut bien près de se réaliser. Les épreuves que le jeune candidat eut à subir étaient au-dessus de ses forces ;

les exercices latins qu'on lui donna à faire dépassaient de
beaucoup la portée des ses connaissances. Heureusement
que le principal fut touché du chagrin et surtout de la naïve
confidence que lui fit celui qui demandait à entrer dans
son établissement. « Je suis perdu, dit l'enfant, si vous ne
m'acceptez pas ; mon père ne m'amène ici que par complaisance pour ma mère, et il ne me permet pas de rester si
je ne rentre pas en quatrième. Cela ferait bien du chagrin
à ma mère. » Le principal engagea le père à lui laisser son
fils, et il répondit de ses succès futurs.

Faut-il ajouter que Marmontel, mis au collège par les
soins de sa mère, redoubla de zèle et d'ardeur pour lui
donner toute satisfaction ? Il fut toujours un des premiers
de sa classe. Voici même un fort joli souvenir à ce sujet :
Quand l'écolier envoyait ses habits à la maison, sa mère
regardait bien si la chaîne d'argent qui suspend la croix (dé-
cernée au meilleur élève) avait noirci la boutonnière. Elle
ne manquait pas d'en avertir aussitôt tous les voisins. Elle
ne ménageait pas non plus à son fils les conseils et les
avertissements, et elle lui adressait des lettres où l'amour
maternel trouvait les expressions les plus touchantes.
Quand Marmontel montrait ces lettres à son principal de
collège, le digne homme ne pouvait les lire sans avoir
les larmes aux yeux.

Le jeune collégien tenait du reste sa mère au courant
de tout ce qui se passait à l'école, de ses travaux, de ses
progrès ; il lui parlait de ses joies et de ses plaisirs ; mais
il lui cachait avec soin ses ennuis et ses chagrins. Il
craignait d'affliger cette bonne mère s'il lui échappait
quelque plainte. Mais il n'était pas sans avoir plus d'un

désagrément et d'une affliction, mais de ces afflictions qui peuvent arriver à tous les écoliers. C'est ainsi qu'en deux occasions il fut l'objet de la rigueur d'un préfet des études, sans être toutefois bien coupable. Vous allez en juger. Aux heures d'étude, quand le maître était absent, le jeune Marmontel était chargé de la surveillance de la classe. Or il avait pour camarade un certain Toury, qui était un très fort danseur de la bourrée d'Auvergne. Pour se divertir on l'invitait parfois à montrer ses talents, et le danseur s'empressait de bondir dans la salle. Mais les sabots du petit garçon, armés de fer, frappant les dalles de pierre retentissantes comme de l'airain, dit Marmontel, faisaient un grand vacarme, on se l'imagine aisément. Le préfet des études accourait ; aussitôt tout rentrait dans l'ordre et chacun reprenait vite son travail. Ne sachant à qui s'en prendre, le préfet punissait le surveillant, qui refusait de dénoncer l'auteur du désordre. Cette fonction, dont Marmontel fut honoré par la confiance de ses maîtres, lui valut force pensums.

Une autre fois, il s'amusa avec quelques camarades à visiter une horloge qu'on réparait chez les bénédictins, voisins du collège, et il monta dans la tour examiner le mécanisme. Le lendemain, l'horloge ne marcha pas. Celui qui l'avait réparée prétendit que les écoliers en étaient cause. Tous ceux qui étaient montés à la tour furent condamnés à être fustigés. Marmontel, qui était alors dans la section « des grands », ne voulut pas se soumettre à une pareille humiliation. Il se précipita comme un enragé, dit-il, dans sa classe et appela ses camarades à la vengeance. Il nous a conservé le discours assez furibond qu'il prononça dans cette circonstance. Mais tout s'apaisa; on était à la veille des vacances et l'émeute n'eut pas de suites. Ajoutons que Marmontel échappa au châtiment.

Ces vacances que l'écolier passait dans sa famille ont laissé dans son esprit le plus doux souvenir. Ce n'est pas qu'il fût heureux de cesser le travail; mais il avait le bon-

Marmontel.

heur de voir sa bonne mère et de recevoir ses caresses. Les joies de la famille, les affections domestiques, voilà ce qu'il recherchait par-dessus toute chose. Il parlait avec émotion des jours passés à la maison paternelle, de ces jours « où l'on jouit de la tendresse de ses parents ». Au nouvel an, par exemple, « c'était un enchaînement d'embrassades et un concert de vœux tels qu'il était impossible d'en être le témoin sans être touché ». Et ce n'est pas seulement à sa mère qu'il portait une vive tendresse ; il évoque encore avec affection les nobles figures de son père, de sa grand'-mère, de sa bisaïeule, vieilles gens d'une franche gaieté et d'un naturel charmant, qui parlaient du bon vieux temps et faisaient des contes merveilleux en buvant au coin du feu le petit coup de vin. L'auteur de *Bélisaire* et de tant d'autres contes a dû songer maintes fois à ces récits « merveilleux ». Il consacre un souvenir particulier à la grand'-mère qui s'y prenait d'une façon simple et naïve pour inspirer les sentiments religieux à son petit-fils. Elle lui faisait voir les provisions d'hiver, les caves et les greniers bien remplis, au commencement de la mauvaise saison ; elle lui montrait le lard, les jambons, les saucissons, les pots de miel, les amas de blé, de seigle, de fèves, de châtaignes, les lits de paille couverts de fruits ; puis elle disait à l'enfant : « Tiens ! voilà les dons que la Providence nous a faits. Combien y a-t-il de gens qui n'en ont pas autant ! Quelles grâces n'avons-nous pas à rendre à cette Providence pour les faveurs qu'elle nous accorde ! » Cette petite leçon ne vaut-elle pas bien des sermons et des démonstrations ?

Les études terminées au collège de Mauriac, il fallut songer à mettre notre jeune étudiant dans un établissement supérieur pour compléter son instruction. Ce ne fut pas encore sans difficulté. « Assez d'études ! s'écria le père. J'ai une place pour lui chez un riche marchand. Le comptoir sera son école. » Et l'obstination fut telle que le jeune Marmontel dut désobéir, à son grand regret de manquer de soumission à celui qu'il respectait et aimait malgré tout.

La mère prit le parti du petit rebelle, et elle parvint encore une fois à fléchir la colère paternelle. Il fut permis à celui qui avait tant d'ardeur pour l'étude d'aller au collège de Clermont. Quand il s'y présenta, il eut un examen à subir sur tout ce qu'il avait appris, et le résultat fut tout à l'avantage du candidat. Les nouveaux maîtres éprouvaient une véritable admiration pour le collégien de Mauriac. Ce qui lui valut surtout les plus vives félicitations et lui attira l'estime de son directeur, ce fut un discours qu'on lui donna à faire. Le sujet à traiter était : les adieux d'un écolier qui quitte ses parents pour aller au collège. Quelle analogie avec la situation où était le candidat lui-même et avec ses propres sentiments ! Il trouva les phrases les plus touchantes ; mais il se surpassa, de son propre aveu, dans l'expression qu'il donna aux sentiments du fils et de la mère. On y admira une éloquente simplicité que l'art ne pouvait imiter. Ce fut un grand sujet d'étonnement pour les examinateurs.

C'est pendant son séjour à Clermont que Marmontel apprit la mort de son père, et il en ressentit un profond chagrin. Il partit immédiatement pour consoler sa mère et sa famille. C'est un moment bien touchant quand Marmontel nous raconte son arrivée dans la maison paternelle, quand il trouve les femmes éplorées, les enfants en deuil, quand chacun, frappé dans ses affections et dans ses intérêts, n'a plus d'espoir que dans ce fils aîné qui va devenir le chef de la famille. Mais c'est sa mère, surtout, dont il veut apaiser la douleur et dont il se propose désormais d'être le protecteur et le soutien. C'est bien malgré lui qu'il lui donna, quelque temps après, une vive alarme en même temps qu'il lui fournit l'occasion de déployer toute sa tendresse. Le comte de Linars, qui levait des recrues, passa dans le village où demeurait la famille de Marmontel, et, pour avoir plus facilement quelques engagements, il fit courir le bruit que l'étudiant, déjà renommé, avait pris du service chez lui. Qu'on se figure la consternation de la mère à cette nouvelle ! Ne sachant pas qu'il n'y avait rien de fondé dans ce bruit, elle envoie à son fils « une lettre effacée par les larmes ». Elle accourt chez le comte de Linars, se jette à ses pieds, lui offre sa croix d'or, son anneau, sa bourse, tout ce qu'elle avait au monde pour délivrer ce fils qu'elle chérit par-dessus tout. Marmontel fut douloureusement frappé en apprenant le chagrin de sa mère, et il fit les plus violents reproches à celui qui s'excusait auprès de lui d'avoir usé d'un tel moyen.

Les études auxquelles se livrait Marmontel, et qui étaient fécondes en beaux résultats, étaient cependant longues et coûteuses. Ce n'était plus sa mère, devenue veuve, qui pouvait subvenir aux frais ; c'était plutôt à Marmontel de venir au secours des siens. Il résolut donc de se procurer quelques ressources et il partit pour Toulouse. Malgré son jeune âge, les bernardins, qui avaient un établissement dans cette ville, lui permirent de suppléer un professeur alors absent. C'était dans la classe de philosophie. Le nouveau maître se trouvait avoir des élèves plus grands que lui. Pour imposer aussitôt le respect et assurer la discipline, il usa d'une espièglerie dont il s'amusa lui-même et débuta, comme il le déclare, « par une gasconnade chez les Gascons ». C'était l'usage, avant de faire le cours, de dicter aux élèves un résumé et de leur tracer le plan. Marmontel composa cette partie de sa leçon avec le plus grand soin ; il l'apprit par cœur, et le lendemain il se présenta devant ses élèves. Après leur avoir demandé s'ils étaient prêts à écrire, il se mit à dicter, les bras croisés et sans cahier sous les yeux, comme s'il parlait d'abondance, tout ce qu'il avait si bien appris par cœur la veille. Les élèves n'en revenaient pas, et les Pères qui assistaient au cours, encore bien moins. Ce fut un murmure général d'admiration quand le débutant descendit de la chaire. Ce premier essai lui avait trop bien réussi pour ne pas recommencer et même continuer toute l'année. C'est ce qu'il fit avec un grand succès.

Pendant ce séjour à Toulouse, Marmontel causa à sa bonne mère une des plus grandes joies de sa vie. L'idée lui vint de prendre part au concours des jeux Floraux et de disputer l'un des prix de poésie. La récompense consistait en des fleurs d'or et d'argent données au lauréat. C'est l'amour filial qui lui inspira cette résolution. « Je songeais, dit-il, au plaisir que ma mère aurait à recevoir ces bouquets de ma main. » Et ce beau rêve se réalisa. Ce fut un beau jour pour la bonne mère, quand elle vit ce fils, objet de tant d'espérances, couronné publiquement. Elle versa des larmes, mais des larmes de bonheur.

Elle en devait verser bientôt de bien amères ! Marmontel conçut un beau jour le projet de se faire jésuite. Il céda je ne sais à quel entraînement, se laissa séduire et endoctriner, et fit part de son dessein à sa mère. On pense si elle essaya de l'en détourner. Elle lui écrivit une lettre, et quelle lettre ! s'écrie Marmontel. Quelle éloquence ! La tendresse maternelle trouvait des accents pathétiques : « Comment serez-vous à moi ? lui écrivait-elle. Vous ne serez plus à vous-même. On me dit que si, par le caprice de vos supérieurs, vous êtes désigné pour aller aux Indes, en Chine, ou au Japon, et que le général vous envoie, il n'y a même pas à balancer et que, sans résistance et sans réplique, il faut partir. Ah! croyez-moi. Laissez les vœux, les règles inflexibles à des âmes qui sentent le besoin qu'elles ont des entraves. J'ose avancer, moi qui vous connais bien, que plus vous serez libre, plus vous serez sûr de ne rien vouloir que d'honnête et de louable. » Elle lui montrait ensuite ses enfants abandonnés, privés de leur soutien ; elle lui reprochait de l'avoir trompée, et elle finissait ainsi : « Non, j'aime mieux croire à un prestige qui vous a fasciné l'esprit. Je ne veux point cesser d'aimer ni d'estimer mon fils ; ce sont deux sentiments auxquels je tiens plus qu'à la vie. Sa jeune tête a été faible ; son cœur sera toujours bon. Il ne lira pas cette lettre, baignée des larmes de sa mère, sans détester les conseils perfides qui l'ont un moment égaré. » Inutile d'ajouter que l'idée de se faire jésuite fut chassée bien loin de l'esprit de celui qui lisait ces lignes. Il ne put, dit-il, « les lire sans être suffoqué de pleurs et de sanglots ».

Marmontel revient bien souvent sur les lettres qu'il reçut de sa mère, et il en fait le plus grand éloge. J'ai déjà dit qu'il montrait au principal du collège de Mauriac tout ce que lui écrivait sa mère, et que celui-ci était profondément touché de cette tendresse maternelle et de ce dévouement. Nous voyons encore ailleurs : « Mon bon évêque de Limoges, le vertueux Coetlosquen, m'a parlé souvent à Paris, avec le plus grand intérêt, des lettres que lui avait écrites ma mère en me recommandant à lui. » Ces lettres rappelées par le célèbre écrivain font d'autant plus d'honneur à celle qui

en était l'auteur, que l'instruction était loin d'être répandue
comme de nos jours, surtout dans les petites villes et les
villages. « Je n'ai jamais conçu, dit Marmontel, comment,
avec la simple éducation de notre petit couvent de
Bort, ma mère s'était donné tant d'agréments dans
l'esprit et tant d'élévation dans l'âme, et singulièrement
dans le langage et le style, ce sentiment des conve-
nances si juste, si délicat, si fin, qui semblait être le
plus pur instinct du goût. » On peut se faire une idée de ce
qu'était « cette élévation d'âme » dont parle l'écrivain, par
les paroles remarquables que la mère adressa à son fils au
moment où celui-ci, ayant déjà quelque réputation, était
appelé auprès de Voltaire à Paris. Elle avait longtemps rêvé
qu'il se destinerait à l'état ecclésiastique ; mais elle ne voulut pas forcer sa vocation et contrarier ses goûts. « Allez
courir les hasards de la gloire et de la fortune, lui dit-elle.
Si vous entrez au barreau, j'exige de vous la parole la plus
inviolable que vous n'affirmerez jamais que ce que vous
croirez vrai, que vous ne défendrez jamais que ce que vous
croirez juste. » Et elle finissait par ces mots qui renferment
la leçon de morale la plus noble et la plus éloquente : « N'ou-
bliez jamais que la plus honorable et la plus digne com-
pagne du génie est la vertu. » Voltaire a-t-il mieux dit
lorsqu'il a écrit ce beau vers si connu et qui fait tant d'honneur à son caractère ?

> J'ai fait un peu de bien ; c'est mon meilleur ouvrage.

Marmontel pouvait-il faire autrement que de déclarer,
comme nous l'avons rappelé au commencement de cette biographie, que sa mère « a été sa suprême loi » ? On s'imagine

aisément les regrets que laissa dans son cœur le souvenir de cette femme, qu'il appelle « la plus digne des femmes, la plus intéressante, la plus aimable », et la vive douleur qu'il éprouva quand il la perdit. Admis dans l'intimité de Voltaire, reçu dans tous les salons, voyant toutes les portes s'ouvrir devant lui, lié avec les premiers écrivains de l'époque et couronné par l'Académie, il oublie tous ses succès, tous ses triomphes, pour ne songer qu'à sa pauvre mère. « Je compterais cette année parmi les plus heureuses, sans le chagrin où me plongea la mort de ma mère. »

Ajoutons que celui qui fut un si bon fils fut plus tard un mari excellent et un père tendre. On a dit de lui qu'il ne connaissait pas la méchanceté. Il se plaisait à répéter qu'il en était redevable à sa mère. « Si j'ai quelque bonté dans le caractère, c'est au bonheur d'aimer et d'avoir aimé que je crois le devoir. Ah ! quel présent nous fait le ciel quand il nous donne de bons parents ! »

Les *Mémoires* de Marmontel, auxquels nous avons emprunté tant de souvenirs, sont peut-être l'ouvrage de l'écrivain qu'on lit avec le plus de plaisir. On y trouve la bonne franchise, la vraie sensibilité ; le ton est simple et naturel. On est charmé et attendri, surtout aux récits des premières années, par ce double sentiment qu'on y découvre, un profond amour filial et une puissante affection maternelle.

ANDRÉ CHÉNIER

(1762-1794)

Vers le commencement du dix-hutième siècle partait de
Toulouse un orphelin qui brûlait du désir de courir le monde
pour chercher fortune. Laissant tout son patrimoine à sa
sœur, il prit juste de quoi faire un voyage en Turquie et
arriva presque sans ressources à Constantinople. Grâce à
son activité et à son habileté, il ne tarda pas à être à la tête
d'une importante maison de commerce. Le ministre français près la Porte Ottomane, le comte Dessalleurs, remarqua son jeune compatriote et l'attacha à l'ambassade.
Bientôt après, celui qui avait été l'objet de cette faveur fut
nommé lui-même consul à Constantinople.

C'est là qu'il connut une jeune Grecque d'une beauté
célèbre, d'un esprit ingénieux, Mlle Santi L'homacka.
et qu'il l'épousa. De ce mariage devaient naître ces deux
enfants qui illustrèrent le nom de leurs parents et sur

qui n'influèrent pas médiocrement la langue parlée par leur
mère et le souvenir des lieux dont elle était originaire : je
veux parler du poète André Chénier et de son frère Marie-
Joseph.

Louis Chénier, leur père, ayant occupé avec distinction la
place qu'on lui avait confiée, voulut continuer sa carrière
diplomatique ; il fut envoyé en Afrique et chargé des affaires de France au Maroc. Sa femme l'accompagna ; pendant
ce temps, André et Marie-Joseph furent confiés aux soins
d'une tante, dans le Languedoc. C'est là que l'esprit d'André
Chénier se nourrit de promenades et de rêveries ; c'est là
qu'il connut, comme il l'a dit lui-même, la douce intimité
des jeux fraternels, et maintes fois il regretta

Les vieilles amitiés de l'enfance perdues.

Mme Chénier ne tarda toutefois pas à venir se fixer
à Paris pour y surveiller l'éducation de ses fils, qu'elle envoya au collège. C'est elle qui leur inspira, comme on l'a
dit, l'amour de l'art et de la simplicité antiques. Ils devaient
bien être des poètes, ces enfants auxquels elle donna ses
soins ; car c'était une femme de lettres, spirituelle, brillante
d'imagination, que la mère d'André et de Marie-Joseph
Chénier. Il est resté d'elle des pages élégantes, ingénieuses,
« écrites avec cette grâce expressive et nonchalante qu'elle
semble avoir léguée à son fils André ». Ce sont deux lettres sur les mœurs de son pays ; une d'elles a pour objet les
danses de la Grèce moderne.

« Mme Chénier se chargeait d'apprendre à un savant
de France les vicissitudes et les formes diverses de cet art
ingénieux transmis de l'antiquité, et soigneusement con-

servé par les jeunes filles qui dansent sur les bords de la mer Noire et dans les îles des Princes. Avec une érudition locale et féminine, relevée par l'étude de la poésie antique, elle explique, elle décrit la candiote, l'arnaute, le balaristo, et dans les chants modernes qui accompagnent ces danses symboliques, elle retrouve à peine altérés les souvenirs de la fable et de l'histoire, les noms d'Ariane et d'Alexandre. C'est la dissertation la plus gracieuse qu'on puisse lire. »

Nous mettrons sous les yeux de nos lecteurs, et surtout de nos lectrices, qui s'y intéresseront sans doute, quelques-unes des lignes consacrées à la danse dans notre propre pays. Elles y verront un bien joli plaidoyer en faveur d'un art qui donne, au dire de l'écrivain, la grâce, la santé, une heureuse constitution, « tous ces dons de la nature contre lesquels personne n'a le droit de réclamer ». L'avocat qui défend cette cause aimable semble si pénétré de son bon droit, que nous l'entendons s'écrier : « Si j'étais de la Faculté, j'ordonnerais de préférence l'usage de la danse. » Que de malades s'accommoderaient d'un pareil régime et d'un tel médecin ! « En France, dit l'auteur, on a répandu le ridicule sur les personnes qui, passé trente ans, oseraient encore danser. Qui a établi la convention ? Serait-ce la jeunesse ? Elle y perd assurément la première, puisque chaque instant la rapproche du terme si court qu'elle aurait mis à ses amusements. On a peu de temps à être jeune, et longtemps à ne l'être pas. Seraient-ce les personnes de l'âge mûr qui ont établi cette convention ? Elles y perdent encore davantage. S'il y en a dans le nombre qui n'aient aucun goût pour la danse, ne craignent-elles pas qu'on leur fasse

l'application de la fable du renard de La Fontaine demandant à ses confrères de se couper la queue parce que lui-
même n'en a pas? Je ne prétends pas que tout le monde
doit danser, mais je voudrais que chacun fût libre de danser sans produire son extrait baptistaire. »

On voit avec quelle facilité et quel talent la mère d'André
Chénier maniait une langue qu'elle disait lui être étrangère.
On peut juger d'après sa lettre de ce que devait être sa conversation et dans quelle atmosphère de grâce et de poli-
tesse furent élevés ses deux fils. Le salon de Mme Chénier,
qui recevait beaucoup, était le rendez-vous d'une société
brillante. Artiste et femme de lettres, son entourage se
composait d'artistes et de littérateurs. C'est là qu'André
Chénier connut le sculpteur David, le poète Lebrun, le
Pindare de son époque, le fameux chimiste Lavoisier. On
devine aisément ce qu'il gagna au contact d'esprits supérieurs et cultivés. Mais combien profitèrent surtout à l'enfant les leçons qu'il reçut de sa mère ! Il l'entendait chanter
les airs du pays qui l'avait vu naître ; il bégayait lui-même
ces chants harmonieux qui frappaient son oreille ; il apprenait sur les genoux de celle que lui-même appelle « une
Grecque » la langue d'Homère et de Théocrite. Il se souvint
de ces jeux, des exercices de son enfance quand il écrivait
plus tard :

> . . . . . Viens, ô ma Muse, accours ;
> Chante-moi de ces airs qu'à ta voix jeune et tendre
> Les lyres de la Grèce ont su jadis apprendre.

Il célébra cette patrie dont sa mère lui parlait si souvent
et dont elle s'efforçait de lui inspirer l'amour et le culte :

> Salut ! Thrace, ô ma mère et la mère d'Orphée !

C'est grâce à cette éducation qu'il comprit avec tant de facilité, qu'il étudia avec tant de plaisir cette poésie grecque où il devait tant puiser. Ce doux parler qu'il avait recueilli sur les lèvres de sa mère lui donna de bonne heure du goût et de l'amour pour les auteurs de l'antiquité. Il fit des progrès rapides en apprenant cette langue grecque qui coûte à plus d'un écolier tant de peine et d'efforts. A quatorze ans, André Chénier traduisit Anacréon et Sapho, qu'il rendait avec une grâce particulière. A seize ans, il était poète lui-même.

> A peine avais-je vu luire seize printemps,
> Aimant déjà la paix d'un studieux asile,
> Ne connaissant personne, inconnu, seul, tranquille,
> Ma voix humble à l'écart essayait des concerts ;
> Ma jeune lyre osait balbutier des vers.

Composer des vers et y consacrer ses loisirs, ce n'était pas là toutefois ce que le père d'André Chénier avait rêvé pour son fils : il désirait pour lui une carrière sérieuse. Il le destinait à l'état militaire, et le jeune poète entra dans un régiment qui tenait garnison à Strasbourg. Il ne resta pas longtemps au service ; l'ennui le gagna bientôt et il rentra dans sa famille. Ce qu'il cherchait par-dessus tout, c'était l'étude, la retraite, la société de quelques amis. Il n'éprouvait pas le désir de faire connaître à la foule ses compositions littéraires ; sa mère et quelques intimes étaient ses seuls lecteurs.

> Voilà le cercle entier qui le soir, quelquefois,
> A des vers non sans peine obtenus de ma voix
> Prête une oreille amie et cependant sévère.

Qu'on étudie maintenant les œuvres de ce poète. Sa

naissance et son éducation suffisent pour les expliquer. Ce qu'on remarque dans André Chénier, c'est l'imagination riante et païenne qu'il tenait de sa mère ; c'est la fraîcheur et la grâce, « grâce un peu nonchalante et à la grecque ». Vous connaissez plus d'une de ces délicieuses idylles où il y a tant de charmants souvenirs de la Grèce. Dans la pièce *l'Aveugle*, la plupart des traits sont empruntés aux poèmes homériques, *l'Iliade* et *l'Odyssée*. *Le Mendiant* contient plusieurs passages imités d'Homère. Beaucoup d'autres sont pleins des souvenirs de l'antiquité. On croit parfois entendre Tibulle ou Théocrite.

Vous avez sans doute lu ou peut-être même appris les belles strophes qui commencent ainsi :

> Elle a vécu Myrto, la jeune Tarentine.

Que de fraîcheur et de sensibilité ! Vous avez également dû retenir quelques-uns des vers de l'ode si justement populaire de *la Jeune Captive*. Y a-t-il quelque chose de plus touchant et de plus gracieux dans notre langue ? C'est bien le païen, adorateur de Palès et des Muses, qui écrit dans cette charmante pièce :

> Pour moi Palès encore a des asiles verts,
> L'avenir du bonheur, les Muses des concerts.
> Je ne veux pas mourir encore.

C'est le fils de cette femme spirituelle née sous le beau ciel de la Grèce qui se plaît à chanter :

> . . . . . Zéphir, les nymphes, les bocages
> Et les fleurs du printemps et leurs riches couleurs,
> Et les belles amours, plus belles que les fleurs.

Un critique éminent, poète lui-même, Théophile Gautier, a bien caractérisé le talent d'André Chénier, lorsqu'il fait voir « qu'un vrai souffle venu de la Grèce traversa son imagination ». Il ajoute encore dans son style pittoresque : « L'on respire avec délices ces fleurs au parfum enivrant qui auraient trompé les abeilles de l'Hymette. »

Toute l'opinion de Sainte-Beuve sur le même poète est résumée dans ces deux mots bien frappants : « Un Grec retrouvé. »

Le frère d'André Chénier, Marie-Joseph, fut aussi poète : homme d'esprit et d'imagination, doué d'un talent facile, mais ardent et passionné, il se laissa emporter par le désir de la célébrité. Il se jeta dans la carrière de la tragédie et composa des drames qui lui valurent une gloire bruyante. On a dit avec raison que ce sont des plaidoyers politiques plutôt que des œuvres purement littéraires. Ce qu'on admirait dans ses pièces, c'étaient les tirades qui respiraient l'amour de la liberté et la haine du despotisme ; tirades empruntées du langage et de l'esprit révolutionnaires. On était en effet en pleine Révolution. C'est en 1789 que Marie-Joseph Chénier fit représenter sa tragédie de *Charles IX*. Enthousiaste des idées républicaines, il composa aussi une foule de chants patriotiques pour les fêtes et les cérémonies d'alors. Le poète tragique, n'oublions pas de le dire, se fit encore remarquer comme tribun et orateur ; il fit partie de toutes les assemblées politiques qui se succédèrent de 1792 à 1802. C'est sur les rapports de Marie-Joseph Chénier que la Convention décréta l'établissement d'écoles primaires, l'ouverture du Conservatoire et accorda des pensions aux gens de lettres et aux savants.

C'est auprès de son fils Marie-Joseph que vécut Mme Chénier après la mort du poète André, qui monta, comme vous savez, à l'échafaud et périt à l'âge de trente-deux ans. Celui qui survécut entoura sa mère des soins les plus empressés. Elle garda pour lui la plus profonde affection et bénit plus d'une fois sa tendresse et son respect filial.

On s'est plu à chercher ce que chacun des deux poètes devait à celle qui les éleva. On a dit que Marie-Joseph Chénier tenait de sa mère pour le caractère ; il était « enthousiaste, mobile, épris de ce qui est brillant et bruyant. André Chénier est plus digne et plus fier ; ce qu'il tient surtout de sa mère, c'est l'imagination riante et païenne ». L'un eut pour lui la célébrité de la tribune et les applaudissements du théâtre. L'autre se contenta de

> . . . . . savourer à longs traits
> Les Muses, les plaisirs, et l'étude et la paix.

N. B. — Nous rappellerons à nos lecteurs qu'un de nos hommes d'État contemporains, dont le nom leur est bien connu, Adolphe Thiers, était cousin des Chénier, cousin au sixième degré. La sœur de Mme Chénier épousa un négociant de Marseille. Ce dernier eut une fille qui fut mariée à M. Pierre-Louis Thiers et qui fut la mère d'Adolphe Thiers, né en avril 1797.

SCHILLER

(1759-1805)

Dans le cercle de Neckar, en Wurtemberg, se trouve un petit village du nom de Cleversulzbach. Si vous visitez l'humble cimetière de l'endroit, vous pouvez voir, à l'ombre d'un prunier, une tombe avec une croix de pierre portant ces simples mots : « *A la mère de Schiller.* »

Consacrons un souvenir à la femme par les soins de laquelle fut élevé celui que l'Allemagne reconnaît comme un de ses plus grands poètes et de ses plus beaux génies. Pour ceux qui pensent que l'enfant hérite de sa mère non seulement les qualités physiques, mais encore les qualités intellectuelles et morales, il ne déplaira pas de constater que celle dont nous parlons eut dès sa jeunesse un vif penchant pour la poésie et pour la musique.

Nous savons qu'elle recherchait avec avidité tout ce qui pouvait entretenir en elle le sentiment poétique ; elle aimait beaucoup la lecture. Bien souvent elle quittait les jeux et la récréation pour prendre un livre. Ses camarades la regardaient comme une jeune fille enthousiaste et rêveuse. Elle s'amusait même à composer des vers ; on sait qu'elle écrivit quelques strophes, consacrées à son mari, pour célébrer un jour l'anniversaire de leur mariage. Élisabeth Kodweiss (c'est son nom) était fille d'un aubergiste de campagne ; l'obscurité de sa condition n'empêcha pas celle qui fut la mère du grand Schiller d'acquérir une solide instruction. Mais c'est par les lectures surtout qu'elle se forma le goût et qu'elle arriva à posséder des connaissances littéraires assez étendues. Elle était de ces esprits dont un biographe a dit qu'ils se forment et se développent eux-mêmes, tout en étant dégagés de prétention et de pédanterie.

Élisabeth Kodweiss épousa à l'âge de vingt-six ans Jean-Gaspard Schiller, qui exerçait la profession de barbier-chirurgien. Le métier n'était pas des plus lucratifs et le nouveau ménage eut peine à vivre, surtout quand la naissance d'un premier enfant eut augmenté les charges de la famille. Le père résolut de s'engager dans l'armée pour entretenir les siens du produit de sa solde. Retenu par son service, il ne put les voir qu'à de rares intervalles. Il était en Bohême quand sa femme mit au monde celui qui devait être la gloire de sa famille et de son pays, Frédéric Schiller.

Le petit Frédéric était le portrait vivant de sa mère ; il en avait les cheveux d'un blond clair, les yeux d'un regard limpide ; il en eut l'esprit curieux et ouvert, le cœur bon et tendre. Ce fut sur les genoux de son excellente mère qu'il apprit à bégayer ses premières lettres : ce fut elle qui lui enseigna à lire et à écrire. Elle le confia, fort jeune encore, aux soins d'un bon pasteur, mais ne continua pas moins à s'occuper de son éducation. Elle posséda d'instinct, disons-le à sa louange, ce qui a été l'objet de tant de règles et de recommandations de la part des plus éminents pédagogues : l'art d'intéresser et de captiver, et d'instruire tout en amusant. Voyez, en effet, les exercices que cette institutrice tendre et dévouée faisait avec son élève : « Tantôt elle lui racontait une histoire biblique que l'enfant écoutait avec une douce émotion ; tantôt elle le distrayait par une de ces naïves et charmantes traditions dont le pays allemand a gardé la mémoire ; tantôt elle lui faisait lire les plus beaux passages de ses poètes favoris. Quelquefois elle remontait avec lui vers une époque plus reculée et lui faisait faire, pour ainsi dire, un cours de littérature en lui apprenant à connaître les poètes d'une autre école, en lui indiquant leurs défauts, leurs qualités. »

Au surplus, cet enseignement, dont les résultats devaient être si féconds, n'avait rien de la rigueur méthodique et de la discipline minutieuse qui rebutent parfois le jeune âge. C'est en contemplant avec son fils quelques ruines d'un vieux château fort qu'elle lui contait une de ces belles et fantastiques légendes attachées aux lieux mêmes qu'elle visitait et que son jeune auditeur avait sous les yeux. C'est en allant chez ses parents le dimanche, pendant la promenade, par une belle matinée d'été ou de printemps, qu'elle expliquait au petit Frédéric et à ses sœurs l'évangile du jour. Veut-on savoir quelle impression cette manière d'enseigner faisait sur l'esprit des enfants ? Écoutons Schiller lui-même : « Une fois, comme nous allions avec la mère chez nos grands-parents, elle nous fit passer par les montagnes. C'était un beau lundi de Pâques ; et en marchant, elle nous raconta l'histoire des deux disciples que Jésus rencontre, puis accompagne sur la route d'Emmaüs. Sa parole et son récit s'animèrent de plus en plus, et quand nous arrivâmes au haut de la montagne, nous étions si émus que nous nous jetâmes tous à genoux et nous mîmes à prier. »

Je n'insisterai pas sur la valeur et sur les conséquences d'une éducation faite dans de pareilles conditions. Mais j'observerai que, lorsqu'il s'agit d'élever les enfants, il y a souvent lieu de se préoccuper, non pas seulement des personnes, mais encore des objets qui les entourent. Ce n'est pas une chose indifférente que les lieux mêmes où s'écoulera l'enfance, où se passeront les premières années, où se graveront les premières impressions et les premiers souvenirs. Elles peuvent influer sur toute la vie et décider de l'avenir. C'est la contemplation continuelle de la mer, c'est l'agitation éternelle des flots, qui ont mis la passion des voyages au cœur de Chateaubriand et de Bernardin de Saint-Pierre, nés le premier à Saint-Malo, le second au Havre. C'est dans la ferme de Sandyknow, sur la frontière écossaise, dans un lieu riche en souvenirs de guerre, de magie et d'amour, que demeura, dans son jeune âge, le romancier Walter Scott. C'est dans le jardinet de son père que le naturaliste Linné jouait une grande partie de la journée, quand il était enfant. C'est enfin au village de Lorch, situé au milieu de belles prairies arrosées par un délicieux cours d'eau, au pied de montagnes couvertes de sapins, que s'établit la famille de celui qui peignit les admirables scènes de la nature dans son drame de *Guillaume Tel* ; j'ai nommé

Schiller. Je pourrais ajouter que ce village était entouré de ruines de tours, de châteaux forts, de monuments qui rappellent les guerres des paysans et cette guerre de Trente ans dont le fils d'Élisabeth Kodweiss devait écrire l'histoire.

Si telle est l'influence de ce qui frappe les yeux, que sera-t-elle quand il s'agira de former l'esprit et de s'adresser au cœur ? Les sentiments pieux que la mère de Schiller inculquait à son fils se retrouvaient jusque dans les jeux et les plaisirs de l'enfant. On le voyait quelquefois s'affubler d'un tablier noir en guise de manteau, d'un petit chiffon imitant le rabat, grimper sur une chaise et, de là, édifier toute la famille par des bribes de sermon et des citations bibliques. Le petit prédicateur prenait un air très sérieux, et il n'aurait pas admis que des conversations particulières s'établissent pendant qu'il s'adressait à l'auditoire. On raconte encore un autre trait qui montre son bon cœur, son désir de se rendre utile au prochain, le vif besoin qu'il éprouvait d'obliger ses semblables. Il donnait tout ce qu'il possédait, jusqu'à ses livres et ses habits. Son père remarqua un jour qu'au lieu des boucles qu'il portait d'habitude à ses souliers, il n'avait que de simples cordons. Il lui en demanda la raison. « J'ai donné mes boucles de tous les jours à un pauvre petit garçon, répondit Schiller ; il ne les mettra que le dimanche ; vous savez que j'en ai une autre paire pour les jours de fête. » Voilà une belle action qui fait honneur, on l'avouera, à celui qui en fut l'auteur. En cela, du reste, il suivait les conseils de sa mère et de son père, qui étaient connus pour des modèles de probité et de vertu.

Mais, parmi tous ces sentiments et toutes ces dispositions du jeune Frédéric, il y a une chose qui frappe tout particulièrement : il se montra de bonne heure le digne fils de celle que ses amies d'enfance appelaient une nature enthousiaste et poétique. Au nouvel an, il présentait « à son papa et à sa maman » des petites pièces de vers allemands qu'il traduisait encore en latin. Je ne voudrais pas assurer qu'il y eût là des chefs-d'œuvre. Une fois sa mère, le voyant distrait et insouciant, la veille de sa communion, lui en fit quelques reproches. Aussitôt notre petit poète se retira à l'écart et répondit par une pièce de vers, où il exprimait ses sentiments religieux et sa ferveur. Son enthousiasme, en composant, était tel que son père se demandait si le jeune écrivain était fou. Mis plus tard à l'école de Ludwigsbourg, ce fut toujours Schiller qui prit la parole au nom de ses camarades dans ces occasions solennelles, comme il s'en produit parfois dans la vie de collège. Nous aussi, nous avons pu être des orateurs et des poètes dans notre jeune temps ; mais peut-être n'avons-nous pas réussi aussi bien, malgré l'indulgence habituelle dans ces circonstances ; encore moins avons-nous harangué nos professeurs en vers latins comme le poète allemand.

Ludwigsbourg, où fut envoyé notre écolier, était alors la capitale des États du duc de Wurtemberg. Il y avait un théâtre français et un opéra italien. Inutile de dire que Schiller se prit d'une vive passion pour les représentations, et que celui qui avait déjà montré à ses parents ses talents de prédicateur voulut leur faire voir son habileté de régisseur, de metteur en scène et d'acteur. Il joua la tragédie dans la maison paternelle ; sa sœur Christophine lui pei-

gnit les décorations et les personnages. Elle s'intéressa
d'ailleurs toujours aux travaux de son frère, fut très fière
de ses succès, et brûla même du désir de monter sur les
planches pour interpréter les chefs-d'œuvre de celui qu'ap-
plaudissait plus tard l'Allemagne entière.

On va se demander quel pouvait être l'auditoire de notre
jeune héros, devenu tout à coup tragédien. Il n'était pas

Schiller.

difficile de le recruter. Une rangée de chaises vides repré-
sentait le parterre ; une autre, les loges. Ce ne sont pas
les applaudissements d'une pareille assistance qui pouvaient griser le petit enthousiaste.

C'est au moment où la passion de Schiller pour le théâtre
et la littérature était le plus forte, qu'il devait se livrer cependant à des études d'une nature bien différente et d'un
tout autre esprit. Le duc de Wurtemberg, qui avait fondé
une école militaire, n'avait pas manqué d'y faire entrer le

jeune Schiller, pour les parents duquel il avait une sympathie particulière. Le fils d'Élisabeth Kodweiss se mit à l'étude de la jurisprudence ; il l'abandonna plus tard pour travailler la médecine. Il avait plus souvent *Virgile* et *Homère* entre les mains que les codes et les traités scientifiques. Un de ses maîtres ayant lu un jour, devant lui, un passage d'une tragédie de Shakespeare, il lui demanda le livre et ne le quitta plus, lisant et relisant le poète anglais. Il n'avait pas renoncé à la poésie, malgré les études qu'on lui imposait ; il faisait des plans de tragédies, de poèmes, et en donnait lecture à quelques camarades, dans un endroit écarté où il ne pouvait être interrompu ; c'était au fond du jardin, c'était dans quelque grotte pendant les promenades. Et, malgré tout cela, il trouvait encore moyen de se faire estimer de ses maîtres, d'avoir des succès en médecine, de soutenir ses thèses d'une façon brillante. Il reçut même un prix pour un sujet de médecine pratique qu'il traita d'une façon supérieure. Rapprochement curieux ! le lauréat fut couronné en présence de celui même dont il devint plus tard l'ami et le rival et qui vint assister, à Ludwigsbourg, à la cérémonie : le grand poète Gœthe !

Si Schiller ne négligeait pas l'étude de la médecine, c'est qu'il cherchait une carrière pour venir au secours de sa famille et lui procurer quelque argent. Après qu'il eut passé ses examens, le duc de Wurtemberg le fit entrer comme chirurgien dans un régiment de grenadiers. Il occupa ses loisirs de garnison de la manière qu'on peut s'imaginer, et le duc apprit un jour que le jeune médecin était un grand poète. C'est par la tragédie des *Brigands* que Schiller débuta dans la carrière dramatique. Ce fut une

occasion de triomphe pour lui. Ce fut aussi une source de
misères. Le duc de Wurtemberg fit venir le chirurgien qui
osait écrire ces tirades hardies où l'on voyait des allusions
malignes, des railleries amères qui blessaient plus d'une
opinion. Il lui défendit de rien imprimer sans le lui avoir
montré, et lui enjoignit même de ne s'occuper que d'œuvres médicales. Schiller en ressentit une tristesse profonde,
d'autant plus que la situation de son père au service du
prince lui imposait l'obligation de ménager le protecteur
de sa famille. Il essaya plusieurs fois de faire revenir le duc
sur sa décision ; il pria, il insista. Enfin, voyant qu'il ne
pouvait fléchir l'obstination de celui qui voulait l'arrêter
dans une carrière où il comptait remporter tant de succès,
il prit un parti extrême, celui de quitter le Wurtemberg.
C'est le cœur déchiré qu'il se sépara de sa famille et surtout de son excellente mère, dont la douleur fut inconso-
lable. Il partit de nuit, en compagnie d'un de ses amis.
C'était une véritable fuite. Il fallut cacher son nom, dégui-
ser sa personne, tromper les fonctionnaires, de crainte
d'être retenu de force par le duc de Wurtemberg. On dit
que Schiller garda un morne silence pendant toute la nuit.
Vers le matin, quand le soleil commença à poindre et
qu'il aperçut, des hauteurs où il se trouvait, toute la vallée
et le village de Ludwigsbourg, il poussa un profond soupir
et laissa échapper ces seuls mots : « Ma pauvre mère ! »

Ce fut le moment décisif de la carrière de Schiller. Dès
lors, son génie prit l'essor, et il produisit cette foule de chefs-
d'œuvre qui ont rendu son nom immortel. Nous n'avons
pas à faire ressortir le mérite littéraire de celui qui fut un
des plus grands poètes de l'Allemagne. Rappelons seule-

ment que le souvenir de celle qui l'avait élevé demeura toujours profondément gravé dans son cœur, et qu'il ne négligea aucune occasion de lui témoigner son amour et sa reconnaissance. Il songeait à elle, quand il écrivit le beau poème de *la Cloche,* dont on peut trouver l'éloge dans *l'Allemagne* de Mme de Staël. Il y a dans l'œuvre de l'écrivain allemand un touchant passage consacré à la mère de famille, à la femme pieuse et dévouée, et qui a été écrit moins peut-être par l'auteur de génie que par le fils plein de tendresse. Qu'on se rappelle encore en quels termes Schiller s'adresse à sa sœur, quand il apprend que sa mère est malade. Retenu lui-même loin de la maison paternelle par sa mauvaise santé, il presse sa sœur de partir et de rejoindre sa mère. Il s'offre à payer tous les frais du voyage ; il la conjure de n'épargner aucune dépense pour tout ce qui concerne le bien-être et le rétablissement de celle qu'il regrette de ne pouvoir visiter lui-même. Il déclare qu'il pourvoira à tout. « Notre bonne mère ! je ne puis y penser ! s'écrie-t-il douloureusement. » Plus tard, quand il a le malheur de perdre son père, il se préoccupe avant toute chose de ce que deviendra la pauvre veuve. Il lui écrit ces mots touchants : « Tout ce qui peut vous rendre la vie douce, il faut que vous l'ayez, mon excellente mère. Désormais, c'est mon affaire de vous préserver de tout souci. Après de si cruelles épreuves, il faut que le soir de votre vie soit serein, et j'espère que vous jouirez de maints jours heureux, au milieu de vos enfants et de vos petits-enfants. »

Ces quelques lignes seules suffisent pour justifier ce que Mme de Staël a dit : « Schiller fut admirable entre tous par ses vertus autant que par ses talents. » C'est à ce fils

pieux et reconnaissant que son excellente mère songeait
en mourant ; c'est de lui qu'elle parlait sans cesse avec la
plus profonde émotion et dont elle disait : « Il n'y a pas au
monde un autre enfant comme toi. » C'est à lui, enfin, qu'elle
envoyait cet adieu suprême : « Dieu te bénira, mon fils ! »

GŒTHE

(1749-1832)

Le père du grand poète Gœthe était un bon bourgeois instruit et laborieux ; il s'occupa sérieusement de l'éducation de sa jeune famille. Il s'était même tracé tout un programme d'enseignement et un plan d'études qu'il suivait fidèlement.

On le voyait, en maître consciencieux, surveiller les travaux de ses enfants, leur distribuer leur tâche, leur donner de longues leçons. Et pourtant qu'est-il resté de tout cela dans l'esprit d'un fils qui devait être si célèbre, et quel souvenir en a-t-il gardé ? L'illustre écrivain, dans ses *Mémoires,* nous parle avec un ton d'impatience et de légère raillerie de ce qu'il appelle la manie didactique de son père et de ses méthodes surannées. Excellent homme, mais formaliste et méticuleux, il exigeait trop de la raison des enfants, et n'accordait pas assez à leur imagination et à leur sensibilité. Il eût été capable, par sa raideur, de les rebuter à ja-

mais de l'étude, si l'humeur vive et agréable de la mère
n'avait adouci ce qu'il y avait de trop sec et de trop rigou-
reux chez son mari. Voici, du reste, immédiatement un petit
détail qui n'est pas sans importance et qui montre combien
le père s'y prenait parfois mal pour reprendre ses enfants
et comment la mère arrivait au but plus facilement. Nous
laissons la parole au poète :

« Notre vieille maison, dit-il [1], avec ses coins, ses recoins,
ses nombreuses places sombres, était faite pour éveiller le
frisson et la peur dans des cœurs enfantins. Il nous fallait
coucher seuls ; quand nous ne pouvions nous y résoudre
et que nous sortions doucement du lit pour chercher la
compagnie des valets et des servantes, notre père, mettant
sa robe de chambre à l'envers, et par conséquent assez
déguisé pour nous, se plaçait sur notre passage et nous
faisait retourner dans notre lit tout effrayés. Chacun se
représente le mauvais effet qui en résultait. Comment
se délivrera-t-il de la peur, celui qu'on resserre entre deux
épouvantes ? Ma mère, toujours gaie et sereine, et qui désirait qu'on le fût comme elle, trouva une meilleure méthode :
elle sut atteindre son but par des récompenses. C'était la
saison des pêches ; elle nous en promit une large distribu-
tion pour le matin, quand nous aurions surmonté notre
peur pendant la nuit. Cela réussit et, de part et d'autre, on
fut content. » Et après ce récit, l'auteur ajoute encore :
« Un mot de mon excellente mère me rassurait plus que
tous les arguments de la philosophie. »

La différence des méthodes, comme celle des caractères,
apparaît suffisamment d'après ce que nous venons de ra-

1. (Traduction Porchat).

conter. On ne s'étonnera donc pas, non plus, de trouver une grande différence d'impressions chez l'enfant. Gœthe, qui parle de la manie didactique de son père, va jusqu'à déclarer que ce dernier était d'humeur peu sociable et qu'on ne pouvait lier aucun commerce agréable avec lui. Mais, lorsqu'il parle de sa mère, le grand poète écrit ces paroles significatives :

« C'est ma mère qui me donna, avec sa gaieté franche et vive, le goût d'écrire, le goût et la joie de l'invention poétique. »

Ailleurs, il fait le portrait idéal de la femme tel qu'il la désirerait, et il dit qu'il voudrait qu'elle pût ressembler « à sa sœur et à sa mère ».

D'un caractère expressif et bienveillant, Mme Gœthe, mariée jeune encore à un homme plus âgé qu'elle, reporta toute son affection sur ses enfants ; elle n'était heureuse et vraiment heureuse que lorsqu'elle les voyait se presser autour d'elle pour entendre de sa bouche quelque conte fantastique. Elle excellait à conter et à composer, avec une imagination dont son fils hérita. Elle disait parfois, en parlant de lui : « Je ne me lassais pas de raconter des histoires à Wolfgang, et il ne se lassait pas d'écouter. »

A son tour, le jeune Wolfgang répétait à ses camarades les histoires qu'il avait entendues ; il en imaginait même de nouvelles, et il nous rappelle que ses auditeurs étaient dans la joie en l'écoutant. Il dit qu'ils étaient ravis de l'avoir pour compagnon, lui qui leur débitait de merveilleux récits dont il était souvent le héros, et qu'il lui arrivait les aventures les plus étranges.

Ajoutons que la mère du poète était une personne fort

instruite ; elle avait étudié la musique et jouait le clavecin ;
elle chantait des airs italiens et avait ainsi appris cette langue étrangère ; elle savait également le français, et cela par
suite d'une circonstance toute particulière. Lors du séjour
des troupes françaises à Francfort, la famille de Gœthe eut
à loger le comte de Thorane. On sait les ennuis, les exigen-
ces, parfois les rigueurs que l'occupation étrangère entraîne
avec elle. Mme Gœthe, par sa bonne grâce, évita bien des
conflits entre son hôte et son mari, toujours boudeur et
grondeur. Elle se mit à l'étude du français afin de pouvoir
s'exprimer avec le comte de Thorane dans la langue même
qu'il parlait ; et elle obtint plus d'une fois, pour sa famille,
certains adoucissements aux charges et aux misères qui
pèsent en général sur les populations envahies par l'ennemi.

Ce séjour des Français à Francfort ne fut pas sans exercer une sérieuse influence sur l'esprit du jeune Gœthe. Il
ne manqua pas d'assister aux représentations théâtrales qui
furent données par nos compatriotes ; il eut ainsi l'occasion
de voir jouer la plupart de nos chefs-d'œuvre classiques
et de connaître nos grands écrivains. Dirai-je que le père
fit de l'opposition dans cette circonstance, et qu'il blâma le
goût de l'enfant pour le théâtre ? Il le grondait lorsqu'il
rentrait à la maison ; il s'écriait que c'était perdre le temps,
et il se répandait en reproches et en remontrances. Il fallut
que l'enfant aimât bien le spectacle pour s'exposer jour-
nellement à la colère paternelle quand il revenait chez lui,
la tête pleine encore des belles tirades de Corneille ou de Racine. Mais il fallut aussi qu'il se sentît encouragé et soutenu ;
et sa bonne mère tâchait toujours d'adoucir l'humeur gron-
deuse de son mari et d'excuser son cher Wolfgang. Elle se

serait bien gardée de contrarier les inclinations de l'enfant et de réprimer les heureuses dispositions qu'il manifesta de bonne heure pour la carrière dramatique. Le poète allemand nous apprend lui-même à ce sujet que, dès son jeune âge, son imagination fut vivement frappée par un spectacle de marionnettes. « Nous passions nos heures de récréation, nous dit-il, chez notre grand'mère, dont la chambre spacieuse offrait assez de place pour nos jeux. La grand'mère savait nous occuper de mille bagatelles et nous régaler de mille friandises. Mais, dans une veille de Noël, elle mit le comble à ses largesses en nous donnant un spectacle de marionnettes, et, par là, elle créa dans la vieille maison un monde nouveau. Ce spectacle inattendu frappa puissamment nos jeunes esprits. » Il fit particulièrement sur le petit garçon une impression très forte qui se fit plus tard sentir dans une grande et durable activité.

Le petit Gœthe apprit par cœur le drame pour lequel la troupe des marionnettes avait été organisée; il s'en fatigua bientôt et, avec quelques amis, il hasarda des pièces nouvelles. De tels essais et de pareilles occupations exercèrent et développèrent chez le jeune auteur l'invention et l'imagination. Mais, si un simple spectacle de marionnettes pouvait faire tant d'impression sur l'esprit de celui qui fut un si grand poète dramatique, que devait-ce être quand il assista aux représentations théâtrales dont nous avons parlé plus haut? Soutenu par sa bonne mère, il ne se fit pas faute de devenir un spectateur fort assidu et de consacrer au répertoire français un temps que le père trouvait si mal employé. Il ne se contenta pas d'écouter et d'applaudir; il voulut écrire lui-même, et il composa une tragédie.

S'imagine-t-on à qui notre poète tragique présenta son premier essai et quel fut son juge? Il avait lié connaissance avec un enfant de son âge, un Français qui appartenait au théâtre, et il lui soumit sa pièce.

Rien de plus amusant que le récit où Gœthe parle de l'air d'autorité et de suffisance avec lequel son jeune ami reçut le manuscrit et se chargea de trouver les protecteurs nécessaires pour assurer la représentation à bref délai. Il proposa seulement de faire quelques changements à l'œuvre ; mais, à force de changer, « il bouleversa le drame de sorte qu'il n'en resta pas pierre sur pierre. Il effaçait, ajoutait, retranchait un personnage, en substituait un autre ».

Gœthe, en nous donnant tous ces détails, nous dit que le jeune critique lui avait si souvent parlé des classiques français et des règles d'Aristote qu'il le croyait lui-même bien fondé à en agir ainsi. On ne dit pas si l'essai dramatique de Gœthe fut mis sous les yeux du père.

Celui-ci ne se contentait pas de reprendre son fils de sa vive passion pour le théâtre ; il avait parfois en littérature des idées telles que l'enfant devait se cacher pour lire certains écrivains qui ne jouissaient pas de l'approbation paternelle. C'est ainsi que le poème allemand *la Messiade*, de Klopstock, déplaisait fort à notre homme ; on dit même qu'un vieil ami de la famille, qui était souvent invité à la table du père de Gœthe, faillit se brouiller avec son hôte pour avoir trop admiré ce poème. L'enfant, désireux de connaître l'illustre écrivain dont les chants attiraient alors l'attention publique, se mit à les lire, à l'insu de son père. La mère, à qui le vieil ami dont nous avons parlé avait fait cadeau de l'ouvrage, était complice et camarade du jeune lecteur. Elle a rappelé d'ailleurs elle-même qu'elle et son fils étaient presque toujours ensemble, que l'enfant lui était fort attaché, et elle en donne une excellente raison : « Wolfgang et moi, nous avons toujours été attachés l'un à l'autre, parce que nous avons été jeunes ensemble. » Elle possédait ce don qui semble être le privilège de la mère et qui fait que, dans l'éducation, son influence est si puissante : c'est de se rendre enfant pour causer quelquefois à l'enfant.

Il y aurait un curieux rapprochement à faire entre la jeunesse de Gœthe et celle de Chateaubriand, au point de vue de l'influence maternelle. Dans les deux familles, nous voyons d'un côté le père poursuivre un but bien arrêté et ne pas tenir compte des sentiments et des inclinations de son entourage ; de l'autre côté, la mère et les enfants partager les mêmes impressions, avoir les mêmes goûts et les mêmes affections, éprouver les mêmes jouissances. « Pendant que mon père poursuivait son but, écrit Gœthe, sans s'émouvoir ni s'interrompre, la mère et les enfants ne pouvaient renoncer à leurs vœux, à leurs sentiments, à leurs désirs ; tous trois (sa mère, sa sœur et lui), nous observions le monde d'une vue saine, faits pour sentir la vie et demandant des jouissances présentes. »

Ces jouissances, Gœthe les éprouvait surtout lorsqu'il pouvait se laisser aller à la rêverie et goûter le plaisir de la retraite. La chambre même qu'il habitait prêtait à merveille à ses désirs. J'ai déjà parlé de l'impression et de l'influence que les objets qui les entourent peuvent exercer sur l'imagination jeune encore des enfants. Voyez ce que dit le poète : « Au deuxième étage se trouvait ma chambre, qui ressemblait à un jardin, parce qu'au moyen de quelques

plantes cultivées devant la fenêtre, on avait cherché à com-
penser le défaut d'un jardin. Ce fut là ma retraite la plus
chère. On voyait par-dessus les jardins, les murs et les
remparts de la ville, s'étendre une plaine belle et fertile.
C'est là que j'apprenais mes leçons et que je ne pouvais
me lasser de contempler le soleil couchant auquel les fenêtres faisaient face. Mais, comme je voyais en même temps les

Goethe.

voisins se psomener dans leurs jardins cultiver les fleurs,
les enfants jouer, les sociétés se divertir, comme j'enten-
dais les boules rouler et les quilles tomber, cela réveilla de
bonne heure en moi le sentiment de la solitude et d'une
rêveuse langueur qui en est la conséquence. »

On voit si l'imagination poétique de l'enfant s'éveilla dès
les jeunes années, et ce qu'on pouvait attendre d'un petit
garçon chez qui le sentiment de la rêverie se manifesta à

un âge aussi tendre. J'avoue, toutefois, qu'il est plus d'une circonstance rapportée par l'écrivain qui ne laissait guère deviner le grand génie que l'Allemagne admira plus tard. J'en parle, car il ne déplaît pas de voir le petit rêveur redevenir parfois bruyant et tapageur et reprendre toutes les passions de son âge. C'est ainsi que Gœthe nous raconte qu'il se prit un jour de querelle avec plusieurs camarades, et il n'oublie pas de nous dire avec une certaine satisfaction que la victoire lui resta. Quelques écoliers, avec lesquels on l'avait mis pour travailler, s'amusèrent une fois pendant l'étude à le frapper de verges. Le petit martyr se laissa faire tranquillement; mais sa fureur, nous dit-il, croissait avec sa patience. Il attend que la cloche sonne ; puis, brusquement, il saisit par les cheveux celui qui s'y attend le moins ; il empoigne un autre par la tête, le serre presque à l'étrangler, heurte ses deux ennemis l'un contre l'autre ; grâce à son adresse, il fait tomber en même temps un troisième. On peut s'imaginer le vacarme et les cris ; toute la maison accourt et l'on sépare les combattants. On renonça dès lors à faire étudier Gœthe avec ses camarades du dehors, ce dont il ne fut pas fâché. Il retrouvait chez lui, outre sa bonne mère, la société d'une sœur avec laquelle il se plaisait beaucoup et dont il garda le meilleur souvenir.

Il y aurait une étude intéressante à faire à cet égard. Saint Louis, Schiller, Gœthe, Chateaubriand, Balzac, beaucoup d'autres ont eu des sœurs qui ont partagé leur éducation, encouragé leurs premiers travaux et applaudi à leurs premiers succès. Elles ont été d'utiles auxiliaires pour leurs frères devenus illustres. La sœur de Gœthe fut de celles-là ; âme ardente, elle s'intéressa vivement à tout ce que faisait son frère ; elle le stimulait quand il hésitait ; elle recevait ses confidences ; elle fut digne en un mot de partager avec sa mère l'affection du grand poète et d'avoir une place dans son cœur.

Il me resterait encore à parler du départ de Gœthe pour Leipzig, où son père voulait lui faire étudier le droit, à montrer comment le goût de la poésie devint de plus en plus vif chez lui, à raconter ses débuts dans la carrière dramatique. J'aime mieux consacrer un dernier souvenir à sa mère. A son retour de l'université de Leipzig, Gœthe tomba malade. Revenu dans sa famille, il passa de longues soirées à faire des lectures : ce fut une puissante distraction pour lui ; sa mère ne le quitta pas pendant tout ce temps.

« Nous nous amusions pendant de longues soirées, écrit l'auteur de *Faust,* à lire des choses sur le mysticisme et les mystères de la nature. »

Si mes lecteurs ont eu entre les mains ce charmant poème de Gœthe que l'on appelle *Hermann et Dorothée,* il ont dû y rencontrer la douce et intéressante figure d'une mère de famille à qui un fils confie ses chagrins et dont il reçoit les consolations. C'est une bien belle scène que celle où le jeune homme, rudoyé par son père, se réfugie au jardin pour y cacher ses larmes ; la mère, inquiète, va le rejoindre et fait entendre de touchantes paroles.

Assurément Gœthe, en écrivant ce poème, songea plus d'une fois à la mère tendre et dévouée qui prit soin de lui et qui fut toujours pour son fils une amie sage et éclairée. Maintes fois la critique méconnut les actes de Gœthe ; maintes fois elle se trompa sur les œuvres du poète ; la clairvoyance maternelle ne fut jamais en défaut.

NAPOLÉON IER

(1769-1821)

De tous ceux qui ont reconnu l'influence de la mère en matière d'éducation, nul peut-être n'a été aussi affirmatif et ne s'est prononcé d'une façon aussi absolue que Napoléon Ier. « Je n'hésite pas à le dire, s'écrie-t-il, l'avenir d'un enfant dépend entièrement de sa mère. »

S'il en est ainsi, que pouvait devenir le fils de la Corse Lætitia Ramolini, de cette femme énergique et vaillante qui partagea avec son mari, Charles Bonaparte, les dangers des guerres civiles et subit avec intrépidité les épreuves les plus périlleuses !

On sait que la Corse soumise à la France essaya maintes fois de recouvrer son indépendance et qu'elle se souleva à la voix de Pascal Paoli. Le parti français eut à soutenir une lutte difficile contre ceux qui rêvaient la liberté de leur patrie ; les amis de la France furent poursuivis et proscrits.

Lætitia Ramolini n'hésita pas à se jeter avec son mari au milieu des périls ; et, même après la mort de celui dont elle avait embrassé les opinions, elle persévéra dans sa résolution. Forcée de quitter sa maison, se sauvant à travers les rochers et les défilés, traquée par ses adversaires, elle n'en persista pas moins à pousser le cri de : *Viva la Franzia !* Femme d'une nation indomptable, au-dessus des faiblesses de son sexe, on la voyait faire à pied ou à cheval de longues courses, gravir les flancs escarpés des montagnes, bivouaquer et coucher sur le sol nu, quitter même les retraites les plus sûres pour s'avancer sur le champ de bataille, au milieu des boulets et des balles. Traversant une fois une rivière à cheval, elle faillit se noyer ; elle seule conserva sa présence d'esprit et son sang-froid, pendant que chacun craignait pour sa vie ; elle encouragea du geste et de la voix sa monture qui avait perdu pied, lutta contre le courant et, après mille efforts, parvint sur la rive opposée. Nous reviendrons, dans le cours de ce récit, sur les épreuves par lesquelles passa la fière et intrépide amazone qui donna le jour à l'empereur Napoléon.

Ce fut elle-même qui apprit à son fils à lire et à écrire ; elle veilla sur lui avec un soin particulier. Dans les causeries du soir, dans les promenades du jour, elle lui faisait de petits récits instructifs et propres à lui inspirer les meilleurs sentiments. Elle assistait à toutes les leçons que le petit Napoléon recevait encore de son oncle, l'archidiacre Lucien Bonaparte. Occupée à quelque broderie, elle surveillait pendant des heures l'enfant, assis devant une table et faisant quelque lecture intéressante. Elle levait parfois la tête et échangeait avec l'archidiacre un sou-

rire de satisfaction, en voyant le jeune élève si sérieux et
si attentif. Plus tard, dans son île déserte, le prisonnier
de Sainte-Hélène se rappelait avec plaisir ces moments
d'enfance, et il se plaisait à en évoquer la mémoire. Mais,
ce dont il se souvint bien mieux encore, c'est de ces habitudes d'ordre et de discipline qu'il contracta de bonne heure
et qui furent la principale cause, on l'a observé, de ses
succès dans les écoles. Ces habitudes, il les devait à sa mère.
Femme énergique, sachant se mettre au-dessus des faiblesses maternelles, elle exigeait une rigoureuse soumission de ses enfants, sévissait à l'occasion, ne leur passait rien. Voici le portrait que Napoléon lui-même traçait
d'elle : « Mon excellente mère avait le caractère mâle,
fier et rempli d'honneur. Sa tendresse était sévère ; elle
récompensait et punissait indistinctement ; le bien comme
le mal, elle nous comptait tout. Elle veillait sur nous avec
une grande sollicitude et elle ne laissait rien arriver à nos
jeunes âmes que ce qui était grand et élevé. Elle abhorrait
le mensonge et sévissait contre toute désobéissance. » C'est
sur l'esprit de celui qui s'exprimait ainsi que cette femme
supérieure exerça un grand empire. Elle seule savait se
faire craindre et obéir du jeune Napoléon, nature indomptable et rebelle. Il avoue lui-même que, dans son enfance,
il était fort obstiné. Lutin, querelleur, il se battait sans
cesse avec ses camarades, leur imposait sa volonté, prenait des airs d'autorité jusque dans sa famille.

Mais, quant à sa mère, il la craignait beaucoup ; on peut
s'en assurer par le trait suivant : Napoléon et ses frères
allaient parfois prendre des fruits dans un jardin où étaient
plantés quelques figuiers ; il fallait franchir une haie pour

pénétrer dans l'enclos. La mère avait maintes fois défendu un pareil exercice, qu'elle trouvait dangereux. Un jour, malgré la défense, Napoléon sauta par-dessus la haie. Il était en train de secouer les fruits d'un arbre quand il fut surpris par un garde qui menaça le petit voleur de prévenir sa mère de sa désobéissance. Grande fut son émotion à cette nouvelle. Déconcerté tout d'abord, il s'adressa ensuite au garde dans les termes les plus éloquents et le pressa vivement de cacher la chose à celle dont il redoutait le mécontentement et les reproches ; il parvint à le fléchir. Mais l'affaire ne s'en ébruita pas moins ; la mère en eut connaissance et le petit coupable ne put échapper à un sévère châtiment. Il est vrai que, lorsqu'il se sentait en faute, l'enfant reconnaissait volontiers la justice de la punition et s'avouait à lui-même ses torts.

Il subit une fois une correction, bien qu'il fût innocent ; mais il fit preuve d'un certain héroïsme en se laissant châtier à la place des vrais coupables, qu'il connaissait et qu'il ne voulut pas dénoncer. Sa sœur et une de ses amies avaient dérobé un panier de fruits ; le jeune Napoléon fut accusé de ce méfait et puni. On reconnut plus tard que cette accusation était mal fondée. La mère demanda pour quel motif il avait tu la vérité ; il répondit que l'amie de sa sœur ayant été complice de la faute, il n'avait pas cru devoir la trahir. Combien de nous auraient agi de la sorte dans notre enfance et auraient montré ce caractère pour ainsi dire chevaleresque, acceptant le blâme et les reproches pour les éviter à autrui ?

Mais si la mère, d'une rigueur inflexible à l'occasion, ne ménageait pas les punitions, il faut reconnaître qu'elle

n'épargnait pas non plus les récompenses et qu'elle s'en servait même d'une façon fort habile. Elle savait exciter l'ardeur et le zèle de son fils en lui donnant des cadeaux qu'elle
choisissait avec soin pour qu'il tâchât de s'en rendre digne
au prix des plus grands efforts. Elle lui donnait soit un
sabre, soit un fusil, soit un petit canon, toutes sortes d'objets de nature à entretenir chez l'enfant les idées guerrières
et les dispositions belliqueuses. La promesse d'obtenir un
de ses jouets favoris, arme ou costume de soldat, faisait
l'impression la plus heureuse sur l'esprit du jeune Napoléon ;
et la mère réussissait ainsi à le tenir tranquillement enfermé
dans une chambre pour lire et étudier toute une journée.
Lætitia Bonaparte connaissait bien son fils ! Les récompenses qu'elle lui accordait enthousiasmaient l'enfant, qui
ne rêvait que guerres et combats, et qui s'empressait aux
heures de récréation de suivre quelque régiment et de parader avec les soldats à l'exercice. Il y a toutefois une chose qui
chagrinait fort notre troupier. Bien qu'il eût reçu de sa mère
un équipement complet, il lui manquait, il le voyait avec
peine,... des moustaches. Oui, il désirait des moustaches
comme certains vieux grenadiers qu'il avait aperçus à la caserne. Un jour, l'un d'eux en fabriqua une paire magnifique
à l'enfant et lui en fit présent. Qu'on juge s'il rentra fier au logis ! Il conduisit le grenadier qui lui avait donné l'objet de ses
vœux auprès de sa mère et la pria de payer généreusement
cette offrande. « Buvez à ma santé, » disait à ce bon homme
le futur conquérant. On remarque d'ailleurs que fort jeune
Napoléon était bon pour tous, et qu'il aimait à donner. C'était
un plaisir pour lui de distribuer des aumônes et d'adresser
de bonnes paroles aux malheureux. Il avait le cœur tendre

et sensible et il le prouva en différentes circonstances. C'est
ainsi que sur le trône il se souvint de la nourrice à qui sa
mère l'avait confié. Il n'oublia pas cette brave femme qui
fut si affectueuse, si pleine de dévouement, qui prit bien
souvent le parti de son cher nourrisson quand on voulait le
châtier. Elle assista au couronnement de l'empereur dans

Napoléon Ier.

l'église Notre-Dame, et elle reçut de lui d'importants bienfaits. Je n'ai pas besoin de dire ce qu'il fut pour sa mère.
C'était la seule personne avec laquelle il épanchait son
cœur et dont il appréciait les conseils. Il convenait volontiers qu'il avait besoin d'elle. Il lui répétait au milieu des
périls de la guerre civile et des troubles de la Corse :
« Ne vous affligez pas, votre santé pourrait en souffrir;
j'ai besoin de votre amour, tâchez de me soutenir. » Et plus
tard le vainqueur d'Austerlitz et de Wagram prononçait, en

parlant de sa mère, ce mot bien digne d'être rapporté : « C'est à elle que je dois ma fortune et tout ce que j'ai fait de bien. » Il résumait encore d'une manière bien caractéristique toutes les qualités qu'il reconnaissait en elle : « Ma mère, disait-il souvent, pourrait gouverner un royaume. »

Ce n'est pas seulement par les paroles et par les conseils que cette femme supérieure avait formé l'âme de son fils ; elle lui avait donné l'exemple des actions les plus intrépides et des résolutions les plus héroïques. Quelle trempe de caractère ne lui avait-il pas fallu après la mort de son époux pour supporter les épreuves, les fatigues et les privations sans nombre ! Quelle force physique et morale ! Qu'on lise le récit de sa fuite dans les montagnes ! Ordre avait été donné d'arrêter la famille Bonaparte. En apprenant cette nouvelle la mère de Napoléon se décida à la résistance, et elle résolut de périr sous les ruines de sa maison plutôt que d'ouvrir les portes. On lui conseille de céder, de quitter sa demeure. Elle s'y refuse et attend ses ennemis en compagnie de quelques Corses qui jurent de succomber avec elle. Elle donne même un bel exemple de noblesse et de générosité. On lui propose de surprendre ceux qui veulent sa perte, de faire main basse sur leurs biens. « Non, dit-elle ; combattons avec honneur et, s'il le faut, mourons, mais sans honte et sans remords. » Enfin, vaincue par les supplications de son entourage qui lui représente qu'elle expose ses enfants à la mort, en cherchant à se défendre, elle abandonne ses foyers ; elle cède à cette considération que, si l'assaut est donné, toute sa famille périra, et que son fils Napoléon, absent dans ces circonstances critiques, sera réduit au désespoir. Elle renonce à la ven-

geance pour songer au salut de ceux qui lui sont chers.
Elle fuit, mais quelle fuite ! On a dit que c'était une retraite
militaire. Les jeunes gens ouvrent la marche ; quelques
fidèles sont à l'arrière-garde. Au milieu de la troupe, tenant
ses enfants par la main, se trouve Lætitia Bonaparte donnant à tous l'exemple du courage et de la patience. On part
de nuit par des chemins tortueux et impraticables ; il faut
franchir des ravins et des défilés ; il faut passer une rivière
sur un mauvais cheval; on ne peut allumer de feu pour sé-
cher les vêtements, de peur d'être surpris par l'ennemi ; on
bivouaque au milieu de la nuit et l'on couche sur la dure ;
le sommeil est interrompu par le bruit des bandes armées
qui cherchent les fugitifs. Les vêtements sont en lambeaux,
les contusions, les meurtrissures font souffrir. Et tant de
souffrances, tant de privations sont supportées d'une façon
héroïque par une femme habituée à vivre pourtant dans le
luxe et le bien-être. Du haut d'une montagne, elle vit les
ruines de sa maison qui avait été mise au pillage et livrée
aux flammes. Ce fut alors que, dans un élan de patriotisme,
elle poussa le cri de « Vive la France ! » Et avec une confiance singulière dans l'avenir, et comme si elle avait prévu
la suite des événements, elle dit en voyant sa demeure in-
cendiée : « Qu'importe ! nous la rebâtirons de plus belle. »
Napoléon en apprenant tous ces malheurs s'écria : « Ma pauvre mère ! ma pauvre mère, que ne puis-je verser tout mon
sang pour te consoler ! » Une surprise bien agréable lui était
réservée ainsi qu'à sa mère. En avançant vers la côte, elle
aperçut une flottille française et fit des signaux qui furent
aperçus. Un des vaisseaux qui s'approcha portait Napoléon.
Celui-ci ne put attendre un lieu propre au débarquement,

et dans son impatience de revoir les siens il se jeta à la mer.
On dit qu'il fondit en larmes en revoyant celle qui venait
de passer par de si dures épreuves, et sur le sort de laquelle
il avait été si inquiet. Du moins, il pouvait évoquer avec
orgueil le souvenir de ces mauvais jours et il y trouvait
de quoi justifier l'opinion qu'il formula et que nous avons
mise en tête de cette biographie, que l'enfant tient de sa
mère.

Ceci nous amène à rapprocher le nom de Lætitia Bonaparte de celui d'une autre femme dont nous avons déjà
parlé, de Jeanne d'Albret. L'une et l'autre firent l'éducation
d'un fils qui devait être célèbre, au milieu des troubles
des guerres civiles ; l'une et l'autre eurent à subir les épreuves les plus périlleuses et déployèrent la plus grande vaillance. Jeanne d'Albret défendit ses États contre la France
et l'Espagne et releva la fortune chancelante de son parti.
Lætitia Bonaparte tint tête à ses adversaires, et rien ne put
ébranler la résolution qu'elle avait prise de demeurer fidèle
à la France. Jeanne d'Albret aliéna ses domaines, engagea
ses bijoux pour venir au secours des protestants. Lætitia
Bonaparte consentit à voir sa maison livrée aux flammes
plutôt que d'embrasser la cause des rebelles et de trahir
son parti. La reine de Navarre, escortée de deux cents gen-
tilshommes, sortit de son royaume pour se jeter au milieu
des périls de la guerre avec son jeune fils. La citoyenne
corse, sous la conduite de quelques amis fidèles, abandonna
ses foyers, et, avec ses enfants, brava mille dangers,
s'exposa à mille souffrances. Toutes deux firent preuve
enfin de la plus grande énergie de caractère et d'une intrépidité au-dessus de leur sexe. De ces deux femmes au

cœur invincible et à l'esprit viril, la première fut la mère de Henri IV, la seconde de Napoléon Iᵉʳ.

L'histoire est là pour attester si les deux enfants répondirent aux soins de leurs mères et réalisèrent les espérances fondées sur eux. Nous ne reviendrons pas sur ce que nous avons dit de Henri IV dans la biographie que nous lui avons consacrée. Nous ferons seulement observer que, s'il

Sacre de Napoléon Iᵉʳ.

monta sur le trône, ce fut par droit de naissance, comme le dit Voltaire, aussi bien que par droit de conquête. Henri IV était du sang des Bourbons. Il n'en était pas de même du fils de Lætitia Bonaparte, du jeune lieutenant corse dont la carrière fut si extraordinaire. Celui qui fut couronné dans Notre-Dame par le souverain pontife et qui reconstitua l'empire de Charlemagne commença par être simple officier dans une petite garnison de province. Ainsi se trouvèrent réalisées les espérances qu'avait nourries une

mère ambitieuse. On sait que la mère de Napoléon forma
mille rêves sur son enfant, des rêves romanesques. « Napoléon, a dit un historien moderne, fut le tout de sa mère qui
l'éleva et qui semble avoir en lui incarné tous ses songes. »
Ces songes de grandeur, ces rêves romanesques, elle les formait encore quand, forcée de fuir et jetant un coup d'œil sur
sa maison en ruine, elle s'écriait : « Nous la rebâtirons de
plus belle ! » Ne voit-on pas là cette étoile de Napoléon dont
l'empereur a parlé si souvent ? Ne retrouve-t-on pas dans
la mère comme dans le fils plus tard cette confiance en
soi-même, cette assurance de l'avenir, cette foi en la fortune ?

L'archidiacre qui partagea avec Lætitia Bonaparte la
tâche d'instruire un fils objet de tant de vœux et d'espérances s'associa aux vues ambitieuses de la mère quand
il dit en mourant : « Il est inutile de songer à la fortune
de Napoléon ; il la fera lui-même. Joseph, tu es l'aîné ;
mais Napoléon est le chef ; aie soin de t'en souvenir. »
On sait si l'événement justifia la prédiction. Si le mourant
parlait ainsi, c'est qu'il avait bien observé les qualités de
son neveu, qualités que celui-ci déclarait plus tard devoir à sa mère ; je veux parler de l'intelligence, des habitudes de réflexion, de la constance de la volonté, de
l'indépendance du caractère.

Il n'entre pas dans notre cadre de suivre le jeune Napoléon à Brienne, puis à Paris, de parler de ses succès dans
les écoles et de la réputation qu'il sut acquérir auprès de
ses camarades et de ses maîtres. Il n'eut qu'à déployer ces
rares facultés dont on remarque le germe dans son enfance.
Il donna dès lors libre cours à l'humeur belliqueuse et aux

idées guerrières que sa mère avait eu soin d'entretenir en
lui de bonne heure. L'enfant qui, armé d'un joli sabre,
allait parader devant les soldats et imitait leurs exercices,
devait, à l'école de Brienne, occuper ses récréations à cons-
truire des travaux de siège en compagnie de ses camarades
et se faisait donner par eux la direction des jeux et des
opérations de guerre. L'écolier de Brienne devint l'officier
qui commença sa fortune militaire au siège de Toulon et
voulut être le dominateur de l'Europe.

Lorsque le fils de Lætitia Bonaparte fut monté sur le
trône, qu'il distribua des couronnes à ses frères et à ses
sœurs, qu'il parla en maître à toute l'Europe, sa mère ne
se laissa pas éblouir par tant de grandeur et de prospérité.
Elle avait été forte dans le malheur ; elle garda l'austère
simplicité de sa vie à la cour de l'empereur Napoléon.
On lui reprochait même parfois son économie exces-
sive au milieu des splendeurs du nouveau règne. Et elle
prononçait alors ces paroles, si justifiées depuis par les
événements : « Qui sait si je ne serai pas obligée un jour
de donner du pain à tous ces rois ? » Elle n'eut que trop
l'occasion de témoigner à son fils cette préférence dont elle
parlait, quand elle disait avec une grande affection maternelle : « Celui de mes enfants que j'aime le plus, c'est toujours le plus malheureux. » Lorsqu'elle revit l'empereur
Napoléon après Waterloo, elle fut saisie d'une profonde
émotion et deux grosses larmes sillonnèrent son visage. Le
fils et la mère se jetèrent dans les bras l'un de l'autre et se
séparèrent pour ne plus se revoir.

Retirée en Italie, Mme Bonaparte fut accusée plus
tard de semer l'or et de fomenter des troubles en Corse.

Elle répondit à ses accusateurs : « Je n'ai pas de millions ; mais, si je possédais des trésors, je les emploierais non pas à fomenter des troubles en Corse, mais à armer une flotte pour enlever l'empereur de l'île Sainte-Hélène où la plus odieuse déloyauté le retient prisonnier. »

CHATEAUBRIAND

(1768-1848)

« C'est à ma mère que je dois la gloire et le bonheur de
ma vie, puisque je tiens d'elle ma religion. » Ainsi s'exprime l'auteur du *Génie du christianisme*. Ces paroles qui
nous font voir immédiatement l'influence de la mère sur le
fils sont d'autant plus remarquables que Chateaubriand dit
encore : « Ma mère n'avait pas un goût qui ne fût opposé
à ceux de son mari. » Chose curieuse et qui se retrouve
plus d'une fois à propos des grands hommes ! Chateaubriand, qui appelle sa mère un ange et une sainte, nous apprend que son père était d'humeur taciturne et insociable.
« Il me faisait trembler, » dit-il. Rien de plus intéressant à
cet égard que les souvenirs rappelés par Chateaubriand
dans ses *Mémoires* [1] : « Quand mon père était là, écrit-il,
nous étions saisis de frayeur et de respect ; ma mère, ma
sœur et moi, nous étions transformés en statues. » Et le

---

1. Voir surtout *Souvenirs d'enfance et de jeunesse.* — C. Lévy.

célèbre écrivain, après avoir fait la description du château
de Combourg, où vivaient ses parents, château écarté au
milieu des bruyères et des haies plantées d'arbres, rarement visité par les étrangers, nous fait voir son père « re-
doublant la solitude dans la solitude ». Le maître de la
maison ne sortait qu'une fois l'an, à Pâques, pour entendre la messe à l'église paroissiale. Il dispersait sa famille et ses serviteurs aux quatre tourelles du château.
« Les soirs d'automne, dans le vaste salon, vêtu d'une robe
de satiné blanche, la tête couverte d'un haut bonnet raide
et blanc, le père se promène à grands pas. Si la mère et les
enfants qui sont immobiles échangent quelques mots, il dit
d'un ton sévère : « De quoi parlez-vous? » Et l'on n'entend
plus rien bruire, jusqu'à ce que le coup de dix heures arrê-
tant brusquement sa marche, il se retire dans son donjon. »

On pense bien qu'une pareille existence n'était pas faite
pour exciter le rire et la gaieté. On ne s'étonnera guère que
l'auteur nous déclare que cette contrainte où vécut sa mère
la rendit peu à peu mélancolique et rêveuse. L'auteur
d'*Atala* et de *René* insiste sur ce point qu'il est intéressant
de relever. Voici ce qu'il écrit en traçant le portrait de celle
qui partageait avec ses enfants cette existence retirée au
fond d'un manoir de la Bretagne : « Rien ne contrastait
autant que l'élégance de ses manières et son allure vive
avec la rudesse de mon père et son humeur. Aimant la société autant qu'il aimait la solitude, aussi pétulante qu'il
était froid, la contrainte qu'elle éprouva dans ses penchants
la rendit peu à peu mélancolique et rêveuse, de légère et
gaie qu'elle était par caractère. Obligée de se taire quand
elle aurait voulu parler, elle se dédommageait par une

espèce de tristesse bruyante, entremêlée de soupirs qu'interrompait seule la tristesse muette de mon père. »

Ce portrait ne serait pas complet si nous n'ajoutions que
la mère de Chateaubriand était une personne de beaucoup
d'esprit et d'imagination, d'une imagination que l'écrivain
lui-même qualifie de prodigieuse. Elle s'était nourrie
dans son enfance de la lecture de Fénelon, de Racine,
de Mme de Sévigné. Son aïeule avait été élevée dans la
fameuse institution de Saint-Cyr, fondée par Mme de
Maintenon, et elle-même soigna l'éducation de ses filles et
de ses petites-filles. Elle les instruisit de bien des particularités et de maintes anecdotes du règne de Louis XIV. Elle
avait d'ailleurs l'esprit orné et s'exprimait avec facilité :
elle exerça une sérieuse influence sur celle qui fut la mère
de Chateaubriand. Encore un dernier détail : l'illustre écrivain avait une mémoire remarquable ; sous ce rapport il
tenait de sa mère, qui savait des romans entiers par cœur,
et retenait aisément ce qu'elle apprenait ou ce qu'elle lisait.
Telle est la femme par qui fut élevé l'un de nos écrivains
les plus célèbres ; tel est le milieu dans lequel il vécut. On
croira sans peine que l'enfant se rapprocha de sa mère,
qu'il partagea ses impressions, qu'il eut les mêmes goûts.
Nous trouvons ici ce que nous avons eu occasion d'observer pour le poète Gœthe : d'un côté, le père avec des idées
arrêtées que rien ne peut changer ; de l'autre, la mère et
les enfants qui se serrent l'un contre l'autre, qui vivent de la
même vie et se dédommagent entre eux de la contrainte
où les tient un chef de famille d'humeur peu sociable. Chateaubriand donne à ce sujet des détails qui ne manquent
pas d'intérêt.

Les soirs d'automne, une fois que le père s'est retiré, les enfants et la mère se dédommagent amplement du long silence que le chef de famille les avait forcés de garder; « le talisman est rompu, s'écrie Chateaubriand avec une sorte de satisfaction; nous reprenions les fonctions de la vie; c'était un débordement de paroles. » Mme de Chateaubriand charmait alors son fils et sa fille par quelque récit qu'elle contait avec beaucoup d'art et d'agrément; elle entamait une de ces merveilleuses histoires de revenants ou de chevaliers, comme celle du sire de Beaumanoir. En été, quand le temps était beau, les enfants partageaient encore les occupations et les plaisirs de leur mère. Après le souper, pendant que le père tirait les chouettes, « ma mère, ma sœur et moi, nous dit l'illustre écrivain, nous regardions le bois, le ciel, les derniers rayons du soleil, les premières étoiles ». Ne reconnaît-on pas dans l'enfant frappé de ces objets celui qui nous laissera les magnifiques descriptions du nouveau monde? S'étonnera-t-on qu'il fût peintre de la nature celui qui, en parlant de ses années d'enfance, disait : « Notre principal plaisir était de nous promener ensemble pendant l'automne. Nous marchions l'un près de l'autre, prêtant l'oreille au murmure du vent dans les arbres dépouillés, ou au bruit des feuilles séchées que nous traînions sous nos pas. » Détail digne d'être rapporté : dans une de ces promenades, sa sœur Lucile lui dit : « Tu devrais peindre cela. » Chateaubriand, très jeune encore, composa une pièce de vers appelée la *Forêt silencieuse.*

Sa sœur l'imita; et les deux enfants passèrent bien des jours à se communiquer leurs productions poétiques. Mais

Saint-Malo.

savez-vous quels étaient les sujets traités de préférence
par nos petits poètes? Savez-vous d'où ils tiraient d'habitude leurs inspirations? Des plus tristes passages de Job
ou du poète latin Lucrèce sur la vie. Cela nous étonnera-
t-il beaucoup après tout ce que nous avons raconté de
leur manière de vivre et des impressions qu'ils pouvaient
recevoir dans la société de leurs parents?

Rien n'est indifférent, nous l'avons déjà dit, quand il
s'agit de l'éducation première ; les plus petits détails ont
leur importance, et tel événement, souvent insignifiant en
apparence, peut influer sur toute la vie. La façon même
dont fut élevé Chateaubriand ne contribua pas peu à lui
donner ce tour d'esprit et d'imagination qu'on remarque
dans ses ouvrages. Il déclare lui-même qu'il fut élevé
comme le compagnon des vents et des flots. Il passait la
plus grande partie de ses journées à courir sur la grève où se
rassemblaient les enfants de son âge ; ils prenaient tous
grand plaisir à lutter avec les vagues, qui tantôt se retiraient
et tantôt couraient après les jeunes imprudents. Ils s'amusaient encore à bâtir des tours de sable que le flot envahis-
sait, et c'était plaisir pour eux de voir leurs légers édifices
submergés par les eaux. Nous ne cacherons pas que dans
ces jeux avec les camarades de son âge Chateaubriand
contracta plus d'une mauvaise habitude ; il se lia avec ceux
qu'il appelle des polissons ; et il convient qu'il était un
vaurien et un paresseux. Certes, on ne se serait pas douté
qu'il serait un jour une des gloires littéraires de son pays,
celui qui rentrait au logis paternel la chemise en lambeaux, le visage barbouillé, égratigné, meurtri, si sale
qu'on ne pouvait pas le toucher.

Je passe sous silence maintes aventures désagréables ou plaisantes qui lui arrivèrent. En voici une, entre mille, que lui-même a soin de nous raconter. Ses camarades et lui s'amusaient à se percher sur de grands pieux placés sur le rivage et à voir les premiers flots rouler au-dessous d'eux. Un jour une petite fille, méchamment poussée par un gamin, tomba et fut entraînée par les eaux. Repêchée, non sans que l'incident eût causé une forte émotion parmi toutes les bonnes et les servantes présentes, la fillette déclara que le jeune Chateaubriand l'avait renversée. De peur des coups, l'accusé se sauva chez lui, poursuivi, dit-il, par tout le bataillon femelle. Arrivé à la maison paternelle (il n'y avait personne au logis en ce moment), il se barricade avec un de ses amis qui fait pleuvoir sur les assaillants de l'eau chaude, des pommes cuites. Après quelques heures de ce siège singulier, l'armée assaillante se décida à battre en retraite.

Le travail et les études ne prenaient pas une grande place dans tout cela ; ce fut une enfance oisive, mais non pas sans profit. Chateaubriand lui-même nous avoue que cette éducation sauvage lui fit acquérir quelques vertus qu'il n'aurait pas eues sans cela. Il fallait toutefois prendre un jour un parti, et l'on ne pouvait guère laisser l'enfant continuer ainsi à courir avec des vagabonds et ne connaître ni les livres ni les études. Le père avait résolu de faire de son fils un marin ; pour cela, il s'imaginait que l'enfant serait suffisamment instruit si on lui enseignait un peu de dessin, d'anglais, de mathématiques. Mais ce fut la mère qui proposa de mettre le jeune Chateaubriand au collège. « Elle se garda bien, dit celui-ci dans ses *Mé-*

moires, de parler du grec et du latin « pour ne pas effaroucher mon père ». L'enfant apprit ces langues d'abord secrètement puis à découvert, quand il n'y eut plus moyen de reculer et que les progrès furent assez sensibles. C'est donc à sa mère que le célèbre écrivain dut d'étudier et de connaître les chefs-d'œuvre de l'antiquité. Mme de Chateaubriand pensait avec raison que l'état d'officier de marine pouvait ne pas être du goût de son fils et qu'à tout événement il était bon de le rendre capable de suivre une autre carrière. Comme elle était très pieuse, elle aurait voulu que son fils se décidât pour l'Église.

Elle caressa ce rêve assez longtemps et c'est dans cette intention qu'elle le mit au collège de Dol. C'est là que l'enfant donna une preuve de cette mémoire extraordinaire qu'il tenait de sa mère. Voici dans quelles circonstances : Après la prière du soir, qui se faisait en commun, le principal avait l'habitude de faire une lecture édifiante ; un des élèves devait en rendre compte. Les auditeurs dormaient, en général, pendant ce temps ; ils étaient fatigués de jouer et, de plus, c'était l'heure du sommeil. Ils tâchaient donc de ne pas être aperçus, pour ne pas être interrogés. Il y avait surtout une place qu'on se disputait à cet effet pour échapper à tous les regards : c'était le confessionnal. Un jour, le principal aperçut le jeune Chateaubriand qui essayait de se glisser à cette place, toujours vivement disputée ; il résolut de faire un exemple. Il parla longuement à ses élèves d'un sermon de Massillon ; puis il demanda tout à coup à Chateaubriand de répéter tout ce qu'il venait de dire. Or le hasard avait voulu que celui qui était interrogé fût resté seul éveillé, cette fois, alors

que ses camarades dormaient. Il répéta presque mot à
mot plusieurs pages d'une prose qu'il déclare lui-même
être mystique et presque inintelligible pour un enfant ; il
reprit les divisions du sermon dans l'ordre indiqué. Le principal, enchanté, permit à l'écolier de ne se lever le lendemain
qu'à l'heure du déjeuner ; ce qui fut accepté avec empressement, et même avec enthousiasme, car celui qui était
l'objet de cette faveur convient qu'il était un grand dor-
meur.

Lorsque le collégien eut fini ses études, Mme de Chateaubriand ne persista pas dans le dessein qu'elle avait
formé de destiner son fils à la carrière ecclésiastique. Elle
avait trop de prudence et de clairvoyance pour forcer la
vocation d'un enfant. L'auteur des *Mémoires* nous raconte
que sa mère vint s'asseoir un soir au bord de son lit ; elle
dit à celui sur lequel elle fondait de si belles espérances
qu'il était temps de songer à prendre un parti, mais qu'il
devait bien réfléchir. « J'aime mieux, répétait cette mère
tendre et avisée, vous voir un homme du monde qu'un
prêtre sacrilège. »

Il n'en est pas moins vrai que, si Chateaubriand ne se
consacra pas au service de l'Église, comme l'avait espéré
quelque temps sa mère, il se souvint toujours de celle dont
il se glorifiait de tenir sa religion. La religion en effet, on
l'a observé avec raison, lui vint par le cœur. Voici ce qu'il
écrit lui-même : « Je suis devenu chrétien : je n'ai point
cédé à de grandes lumières surnaturelles ; ma conviction
est sortie du cœur. J'ai pleuré et j'ai cru. » En effet, la
mort de sa mère et une lettre touchante de sa sœur firent
éclater tout à coup en Chateaubriand une explosion de

sentiments dont on a peine à se faire idée. L'auteur du *Génie du christianisme* entendit les derniers vœux que celle qu'il appelle une sainte et un ange forma pour le salut éternel de son fils. « Ma mère, dit-il, après avoir été jetée à soixante-douze ans dans les cachots, expira sur un grabat... Elle chargea en mourant une de mes sœurs de me rappeler à cette religion dans laquelle j'avais été élevé ; quand la lettre de ma sœur me parvint, elle-même n'existait plus. Ces deux voix sorties du tombeau m'ont frappé. » On a recherché depuis à quels sentiments obéit celui qui nous a laissé le *Génie du christianisme* et *les Martyrs*. On s'est demandé s'il était catholique par souvenir pieux de son enfance plutôt que par une profonde conviction. La première opinion est celle d'un critique autorisé, Sainte-Beuve ; elle confirme ce que nous avançons dans tout notre ouvrage, c'est que l'enfant tient de sa mère. Les fêtes de la famille, les fêtes de la religion, la première communion, cette cérémonie où il vit sa mère agenouillée demander avec ferveur les bénédictions d'en haut pour un fils qu'elle chérissait, tout cela laissa la plus profonde impression dans l'esprit de l'écrivain. Il en parlait avec émotion longtemps après et il écrivait enfin ces mots que nous avons placés en tête de cette biographie, et qui sont si caractéristiques : « C'est à ma mère que je dois la gloire et le bonheur de ma vie, puisque je tiens d'elle ma religion. »

Les goûts littéraires furent héréditaires dans la famille de Chateaubriand. L'illustre écrivain eut deux oncles dont l'un fut un érudit ; l'autre, qui était un prêtre, eut la passion de la poésie. Le frère aîné de Chateaubriand faisait agréablement les vers; sa sœur Lucile, dont nous avons parlé, avait un talent remarquable pour la poésie ; une autre sœur, chanoinesse, a laissé quelques écrits que son frère qualifie d' « admirables »; lui-même, dit-il avec une modestie qui manque peut-être de sincérité, a barbouillé du papier.

Détail assez plaisant et dont je ne voudrais pas priver mes jeunes lecteurs : il y eut une autre chose encore d'héréditaire dans la famille de Chateaubriand, ce fut le culte des chats. Une vieille tante, qui partit pendant l'émigration, emporta avec elle tous les membres de l'espèce féline ; ils prospérèrent, nous apprend l'auteur des *Mémoires,* et, quand elle revint, la brave femme avait avec elle une cargaison de chats considérable. L'un d'eux tomba à la mer ; elle donna six francs, somme considérable à l'époque, pour le sauver. Le nombre des chats, à un certain moment, se montait à quatorze. Chateaubriand recueillit tout cet héritage.

Il tint au reste de famille; en 1824, pendant son séjour en Suisse, il écrit : « Un chat maigre, noir, demi-sauvage, qui pêchait de petits poissons et qui plongeait sa patte dans un grand seau rempli des eaux du lac, était ma seule distraction. »

LAMARTINE

(1790-1869)

« Fais comme moi ; donne une heure à l'enregistrement de tes impressions. Il est doux de fixer les joies qui nous échappent ou les larmes qui tombent de nos yeux pour les retrouver, quelques années après, sur ces pages et pour se dire : « Voilà donc de quoi j'ai été heureux ! Voilà de quoi « j'ai pleuré ! »

Ce conseil d'enregistrer ses impressions et d'écrire ainsi ses mémoires fut donné par une mère à son fils, au moment où celui-ci quittait le collège. L'enfant obéit, et c'est ainsi que nous possédons le livre des *Confidences*[1], qui contient tant de précieux renseignements sur la vie du grand poète Lamartine. En écrivant sa propre histoire, l'auteur ne fit que se conformer à une habitude de sa mère qui jetait chaque jour sur le papier ses impressions et ses émotions de la journée et qui forma ainsi un recueil de notes se

---

1. Lamartine, *Confidences*. — Hachette et Cⁱᵉ.

montant à vingt-deux volumes. Le poète les avait toujours à la main : « Quand je veux retrouver, revoir, entendre l'âme de ma mère, j'ouvre un de ces volumes et elle m'apparaît. »

Entendre l'âme de sa mère ! Toute l'éducation de Lamartine est là. Avant de voir ce que pouvait être une pareille éducation, parlons un peu de celle qui se chargea de la donner et qui forma l'esprit et le cœur d'un de nos plus grands poètes.

Alix des Roys qui épousa le chevalier de Lamartine, père de l'écrivain, était fille de M. des Roys, intendant général des finances du duc d'Orléans. Elle reçut une solide instruction de sa mère, femme de mérite dans la société de laquelle étaient admis Buffon, Florian, Necker, l'historien anglais Gibbon, des gens de lettres et des hommes d'État distingués. A l'âge de huit ans, Alix des Roys assista à la visite que Voltaire, de passage à Paris, vint faire au duc d'Orléans. Jamais elle n'oublia les paroles ni les gestes du grand homme dont le voyage avait été un triomphe et qui fut acclamé partout plus qu'un roi. Elle connut aussi Jean-Jacques Rousseau pour qui elle conserva une tendre admiration ; et les idées de cet écrivain sur l'éducation ne furent pas étrangères à la manière dont fut élevé plus tard le jeune Lamartine. A une solide instruction Mme de Lamartine joignait la bonté, la douceur, l'esprit de dévouement et de sacrifice, une rare élévation d'âme. D'une piété fervente, elle donnait de longues heures à la prière et aux pratiques religieuses. Tout cela devait influer sur l'écrivain dont nous faisons la biographie.

Mme de Lamartine ne s'inquiéta que fort peu « de ce qu'on appelle instruction », dit le poète ; elle n'aspira pas à

Lamartine.

faire de son fils ce qu'on entend par un enfant précoce ou avancé pour son âge. Elle ne s'empressa pas de le confier à des maîtres étrangers et de lui remplir la tête de grec ou de latin. Ce qu'elle voulait faire de lui, avant toute chose, c'est « un enfant heureux, un esprit sain, une âme aimante ». L'illustre écrivain se plaît à nous rappeler qu'il apprit bien des choses dans son jeune âge, « sans qu'un sourcil se soit froncé pour le lui apprendre ». Lire, écrire, étudier, il fit cela aux moments perdus, en jouant, dans le jardin, au coin du feu, sur les genoux de ses parents. Il aimait beaucoup la lecture ; sa mère modérait son impatience de connaître, tout en ayant soin de remettre au petit curieux des livres qu'elle jugeait être à sa portée et qu'elle choisissait elle-même. Le soir, le père lisait lui-même quelque belle tragédie ou quelque poème ; la mère écoutait avec une profonde émotion ; l'enfant partageait toutes les impressions maternelles, et il en garda un souvenir durable. Mais, ce qu'il oublia bien moins encore, c'est la manière dont il fut élevé, « en communication perpétuelle avec la nature », vivant de la vie des enfants de son âge, prenant part à tous les travaux rustiques, conduisant les chèvres et les moutons au pâturage. Le soir, on pousse les troupeaux vers le village en criant et en chantant ; avant de rentrer, ce sont des danses, des rondes sur la pelouse en pente, des feux de joie qu'on regarde lentement brûler en descendant la côte. Joignez à ces occupations journalières les plaisirs des vendanges ou de la moisson, quelques promenades au milieu « de vertes prairies et sur les riants coteaux de la Saône », et vous comprendrez comment Lamartine a pu dire que « jamais homme ne fut élevé plus près de la nature et ne suça plus jeune l'amour des choses rustiques ». Vous comprendrez aussi quelle impression tout cela dut faire sur l'esprit de l'enfant et quelles furent les conséquences d'une pareille éducation. On peut rapprocher Lamartine d'un autre écrivain français dont les premières années s'écoulèrent aussi dans une heureuse oisiveté et qui fut élevé loin du collège, loin de toute discipline sévère, comme « le compagnon des vents et des flots ». On a deviné Chateaubriand.

Mais ce que nous retiendrons surtout, dans cette éducation, c'est le rôle de la mère. « Je puisais dans l'âme de ma mère, » a dit l'auteur des *Méditations* et des *Harmonies poétiques*. Il serait facile de retrouver, sous l'écrivain qui nous a laissé de si belles pages, le petit paysan de Milly se promenant avec sa mère dans la campagne, admirant avec elle quelque beau spectacle, et écoutant avec un pieux recueillement « les sublimes commentaires » qu'elle lui faisait devant les merveilles de la nature. « Sans elle, je n'aurais rien su épeler de la création que j'avais sous les yeux; elle me mettait le doigt sur toutes choses. » Ce fut la constante préoccupation de Mme de Lamartine de tourner sans cesse les pensées de ses enfants vers Dieu. Le poète nous rappelle maintes fois, en parlant de ses souvenirs du jeune âge, que la prière était associée aux moindres actes de la journée. Ne vous imaginez pas qu'elle employât le ton d'autorité, comme cela se fait quelquefois, pour forcer sa jeune famille à prier; il n'y avait ni contrainte, ni répugnance. Écoutez ce que dit le poète : « Quand nous étions réveillés dans nos petits lits, que le soleil si gai du matin étincelait sur nos fenêtres, que les oiseaux chantaient sur

les rosiers ou dans leurs cages, que les pas des serviteurs
résonnaient depuis longtemps dans la maison et que nous
l'attendions elle-même impatiemment pour nous lever, elle

Vue de Sommeré, aux environs de Milly.

montait, elle entrait, le visage toujours rayonnant de bonté.
de tendresse et de douce joie; elle nous embrassait dans
nos lits, elle nous aidait à nous habiller; elle écoutait ce
joyeux petit ramage d'enfants dont l'imagination rafraîchie

gazouille au réveil, comme un nid d'hirondelles gazouille
sur le toit, quand la mère approche ; puis elle nous disait :
« A qui devons-nous ce bonheur dont nous allons jouir ensemble ? C'est à Dieu. Sans lui, ce beau soleil ne serait pas
levé ; ces arbres auraient perdu leurs feuilles ; les gais oiseaux seraient morts de froid et de faim sur la terre nue ;
et vous, mes pauvres enfants, vous n'auriez ni lits, ni maison, ni jardin, ni mère pour vous abriter et vous nourrir.
Il est juste de le remercier pour tout ce qu'il nous donne
avec ce jour, de le prier de nous donner beaucoup d'autres
jours pareils. Alors elle se mettait à genoux devant notre
lit, elle joignait nos petites mains et souvent, en les baisant
dans les siennes, elle faisait lentement et à demi-voix la
courte prière du matin que nous répétions avec ses inflexions
et ses paroles. » En lisant ce passage des *Confidences,* on se
prend à songer au poète à qui nous devons cette belle
poésie connue de plus d'un de nos lecteurs : *l'Hymne d'un
enfant à son réveil.* Après la prière, la mère faisait une lecture dans un livre de pieuses instructions ; le soir, elle réunissait au salon, après le souper, les domestiques et même les
paysans des hameaux les plus voisins et les plus amis de
la maison, et leur lisait quelques passages édifiants. L'un
des enfants était chargé de dire à son tour une petite
prière pour les voyageurs, pour les pauvres, pour les
malades. Mais surtout, si l'on partait pour une promenade
lointaine, par une belle matinée d'été, si les jeunes ima-
ginations des enfants étaient frappées « devant une belle
nappe d'eau roulant en cascade et éblouissante d'écume,
devant un beau soleil couchant qui groupait sur la montagne des nuages d'une forme et d'un éclat inusités, notre

mère manquait rarement de profiter de la grandeur ou de la
nouveauté de nos impressions pour nous faire élever notre
âme à l'auteur de toutes ces merveilles. Combien de fois, les
soirs d'été, en se promenant avec nous dans la campagne où
nous ramassions des fleurs, des cailloux brillants dans le
ruisseau de Milly, ne nous faisait-elle pas asseoir à côté d'elle
au pied d'un saule et ne nous entretenait-elle pas, le cœur
débordant de son pieux enthousiasme, du sens caché de
cette belle création qui ravissait nos yeux et nos cœurs » !
Mélancolie religieuse, imagination tendre, nature et Dieu,
voilà en quelques mots toute la poésie de Lamartine. Faut-il
insister sur ce que le fils d'Alix des Roys devait à sa mère ?

Mais ce ne sont pas seulement des sentiments religieux
que la mère voulait inspirer à ses enfants. Lamartine nous
a dit encore qu'elle désirait qu'il fût vrai et bon, et qu'elle
lui mettait sous les yeux l'exemple d'une bonté allant jusqu'au dévouement le plus héroïque. Elle visitait sans cesse
les maisons des pauvres et des malades, leur donnait des
secours, leur apportait même des remèdes, pansait parfois
elle-même les blessures ; elle avait quelques connaissances
de médecine, et sa demeure était bien souvent assiégée par
des malades qui venaient chercher des consultations. Les
enfants accompagnaient leur mère dans ses visites auprès
des pauvres et portaient de la charpie, des bandes de linge,
quelque bouteille de vin vieux, du pain blanc, du bouillon
pour les malheureux qu'ils allaient voir. Ils entraient dans
les demeures les plus misérables, s'asseyaient aux chevets
des malades, soulageaient leurs souffrances ; l'enfant rapporte qu'il vit plus d'une fois sa mère, dans une de ces éta-
bles où couchent les paysans, essuyer de ses mains la

sueur froide d'un pauvre mourant et lui prodiguer les derniers soins et les dernières consolations. C'est ainsi que la pieuse et sainte femme qui présida à l'éducation du grand poète formait l'âme de son fils, moins par le précepte que par l'exemple, se servant non du raisonnement, mais de l'instinct. Elle usa de ce moyen, qui lui réussit à merveille, pour habituer son fils à ne se nourrir (et jusqu'à douze ans) que de pain, de laitage, de légumes et de fruits. Pas de viandes! Lamartine raconte qu'on lui avait donné un petit agneau qu'il aimait beaucoup et qui le suivait partout. « Un jour, la cuisinière dit à ma mère en ma présense : « Madame l'agneau est gras; voilà le boucher qui « vient le demander : faut-il le lui donner? » Je me récriai ; je me précipitai sur l'agneau; je demandai ce que le boucher voulait en faire et ce que c'était qu'un boucher. La cuisinière me répondit que c'était un homme qui tuait les agneaux, les moutons, les petits veaux, les belles vaches, pour de l'argent. Je ne pouvais le croire. Je priais ma mère, j'obtins facilement la grâce de mon ami. Quelques jours après, ma mère me fit passer, comme par hasard, dans la cour d'une boucherie. Je vis des hommes, les bras nus et sanglants, qui assommaient un bœuf; d'autres qui égorgaient des veaux et des moutons ;... des ruisseaux de sang fumaient çà et là. Une profonde pitié me saisit, Je demandai à passer vite. » Et celui qui nous rapporte ce trait ajoute que cette scène lui fit prendre la viande animale en dégoût et qu'il eut toujours une certaine répugnance pour la chair cuite. Il dut pourtant se conformer à la nécessité de manger ce que nous mangeons tous, surtout quand il quitta la maison paternelle, à douze ans, pour entrer au collège.

A ce moment, le poète se compare lui-même à un oiseau doux, mais libre et sauvage, en possession du nid et du ciel, qui va brusquement être mis en cage. La mère de Lamartine se décida à se séparer de son fils, sur les sollicitations et les remontrances d'un oncle qui voulait que son neveu apprît encore quelque chose de plus qu'à bien vivre et à vivre heureux sous le toit paternel. Après bien des hésitations et bien des larmes, le petit berger de Milly fut conduit au collège.

L'impression qu'il en éprouva fut bien triste : il vit dans ses maîtres des geôliers ; il prit son institution en horreur et, un beau jour, il forma le dessein de s'échapper et de retourner chez sa mère. Il fut rattrapé en chemin, au moment même où il allait s'asseoir devant une bonne omelette qu'on lui préparait, dans une auberge où il s'était arrêté ; ramené à l'établissement, il fut jeté au cachot. Mais, deux mois après, il fut renvoyé à ses parents. Cette fois, le petit rebelle fut placé dans une école célèbre, dirigée par des jésuites et située sur la frontière de Savoie. Il n'y retrouva pas la tendresse de sa mère, il l'avoue, mais au moins une douce surveillance, un ton bienveillant ; et il ne tarda pas à se faire des amis et à se plier de lui-même à une discipline que ses maîtres cherchaient à rendre douce et légère. L'écolier fit de sérieux progrès et donna bien du bonheur à sa mère en revenant, chaque année, chargé des premiers prix de sa classe. Les études terminées, il sortit du collège, « non sans reconnaissance pour ceux qui l'avaient instruit, mais avec l'ivresse d'un captif qui aime ses geôliers, sans regretter les murs de sa prison ». Je ne parle pas de la joie qu'il ressentit en revoyant sa mère. Sa mère et la liberté ! voilà ce qu'il lui fallait. Voilà ce qui répandait en lui des torrents de félicité, comme il se plaît à en faire l'aveu lui-même.

De retour à la maison paternelle, il passa son temps, le matin à chasser avec son père, à faire des promenades à cheval; le soir, à causer avec sa mère ou avec quelques intimes dans le salon où se réunissait la famille, ou bien encore à lire ; il dévora toutes les poésies et tous les romans qu'il put trouver dans la bibliothèque de son père, ou dans les cabinets de lecture de Mâcon. Il n'en menait pas moins une existence oisive, et il reconnaît que ce manque d'activité aurait pu offrir quelque danger, lorsque sa famille le confia aux soins d'une parente que ses affaires appelaient en Italie. « Je partis, s'écrie le poète, avec l'enthousiasme d'un enfant qui va voir se lever le rideau des plus splendides scènes de la nature et de la vie ! » Qu'on lise les ouvrages de Lamartine et qu'on y voie quelle influence exercèrent sur son esprit les Alpes, la mer, le ciel italien ! Toutes ces beautés de la nature, tous ces spectacles magnifiques, il allait les chanter dans un langage plein de grandeur et d'harmonie. On a dit, en parlant de Lamartine, que nul n'a mieux compris les splendeurs de la création, les soupirs, les murmures, le silence solennel ; que nul n'a mieux senti le souffle du Créateur à travers tous les phénomènes de l'univers. C'est là bien apprécier le talent du poète à qui nous devons les *Harmonies* et les *Méditations;* mais c'est confirmer aussi ce que l'illustre écrivain a dit de sa mère, quand, rappelant les promenades faites avec elle, il prononce ces mots : « Sans elle, je n'aurais rien su épeler de la création que j'avais sous les yeux ; elle me mettait le doigt sur toutes choses. »

Château de Monceaux, habitation de Lamartine.

11

Nous n'entretiendrons pas nos lecteurs des œuvres mêmes
de Lamartine ; cela n'entre pas dans le cadre de notre étude.
Mais nous leur mettrons sous les yeux une belle page de
l'écrivain, qu'on peut appeler : « Le jardin des souvenirs ».
Ils y verront comment le poète, déjà célèbre et parvenu au
faîte des honneurs et des dignités, parle avec attendrissement des lieux où s'écoula son enfance.

LE JARDIN DES SOUVENIRS

Moi aussi, j'ai eu pour premier berceau un petit et agreste jardin,
entouré d'un mur de pierres sèches, sur une de ces collines arides et
sombres que vous apercevez d'ici, à l'extrémité de votre horizon ; il
n'y avait là (la médiocrité plus que modeste de la fortune de mon
père ne le permettait pas) ni vaste étendue, ni ombrages majestueux,
ni eaux jaillissantes, ni fleurs rares, ni fleurs précoces, ni plantes de
luxe ; c'étaient quelques allées étroites, parquetées de sable rouge,
encadrées d'œillets sauvages, de primevères et de violettes et bordant
des carrés de légumes pour la nourriture de la famille. Eh bien ! c'est
là, et non pas dans les jardins d'Italie ou des grands propriétaires
des parcs de France, d'Allemagne, d'Angleterre, que j'ai éprouvé les
premières et les plus poignantes jouissances qu'il soit donné à la nature de faire goûter à une âme, à une imagination d'enfant ou de
jeune homme ! J'habite maintenant des jardins plus vastes et plus ar-
tistement plantés. Mais j'ai conservé ma prédilection pour celui-là ! Je
le garde précieusement dans son ancienne pauvreté d'ombre, d'eau,
de fleurs et de fruits ! Et quand j'ai quelques rares heures de liberté
et de solitude, arrachées aux affaires publiques ou aux travaux d'esprit, à donner à ces vagues entretiens avec moi-même, c'est dans ce
jardin que je vais les passer ! Oui ! c'est dans cette pauvre enceinte
depuis longtemps déserte, vidée par la mort ; c'est dans ces allées envahies par les herbes, par la mousse et par les œillets des bordures ;
c'est sous ces vieux troncs épuisés de sève, mais non de souvenirs ;
c'est sur ce sable mal ratissé, que je cherche encore du regard les pas
de ma mère, de mes sœurs, des anciens amis, des vieux serviteurs de
la famille.

LITTRÉ ET MICHELET

L'historien Michelet, dans la préface d'un de ses ouvrages, parle de ces femmes du peuple qui savent, par leur intelligence et leur activité, mettre l'ordre et l'économie, parfois l'aisance, dans leur ménage ; qui sont ambitieuses pour leurs fils et rêvent pour eux de grandes choses, s'imposant les plus lourds sacrifices pour les élever et les instruire. Il dit que ces femmes luttant sans relâche avec les difficultés de la vie, qu'elles surmontent le plus souvent, acquièrent une énergie morale et une force de volonté remarquables ; leur caractère aussi bien que leur esprit se développent d'eux-mêmes ; quoique nées dans une humble condition, elles deviennent supérieures par le cœur et l'intelligence. Dans cette classe nous pouvons ranger les mères des deux grands hommes dont le nom est bien connu : Littré et Michelet.

LITTRE

Vous avez peut-être eu tous en main ce grand dictionnaire Littré où chaque mot est exposé avec sa prononciation, son histoire, son étymologie. Vous pouvez vous
imaginer facilement ce qu'il a fallu de temps, d'efforts, de
recherches et de lectures pour composer un pareil ouvrage,
pour réunir tant de citations, pour classer tant de documents.
Le même homme qui éleva ce monument à la langue
française traduisit les œuvres d'Hippocrate et de Pline
l'Ancien. Il ne fallait pas seulement, pour cela, connaître le
grec et le latin, il fallait encore être un savant ; les notes
et les commentaires qui accompagnent la traduction d'Hippocrate ont fait de cette publication une œuvre à part. Littré fut à la fois un traducteur, un érudit, un philosophe,
même un médecin. Il fut encore et surtout « une de ces
âmes fermes et vigoureuses, aux convictions ardentes, amies
du vrai sans partage ».

L'éducation domestique eut la plus grande influence sur
celui dont nous parlons ; il fut élevé par des parents d'une
« moralité sévère et profonde ». Le père de Littré, modeste
fonctionnaire de province, obtint un avancement qui le fixa
à Paris. Il fit suivre à son fils les cours de Louis le Grand.
A peine était-il libre de son travail de bureau qu'il s'occupait des études de l'enfant. La première question des parents au jeune lycéen, lorsqu'il revenait à la maison, était :
« Quelle place as-tu ? » On pense si l'écolier faisait de son
mieux pour contenter ceux qui s'intéressaient si vivement
à ses progrès.

Si le père de Littré peut mériter qu'on s'y arrête, la mère n'a pas moins d'originalité que son mari ; c'est elle qui façonna l'âme d'un fils dont la vie tout entière fut une vie de labeur, de solitude, de désintéressement. On nous représente Mme Littré habillée le plus souvent non comme une « dame, mais comme une servante, en faisant l'office au logis, femme de ménage parfaite, une mère aux entrailles ardentes, douée d'une élévation d'âme, d'un sentiment de la justice qu'elle dut transmettre au fils dont elle était si fière », et pour lequel elle nourrissait une légitime ambition. Jeune fille, elle déployait déjà cette énergie, ces fortes vertus qui ont fait dire qu'elle était « une Romaine ». Pendant la Révolution, elle eut le malheur de voir son père arrêté et emprisonné à Lyon ; surmontant ses chagrins, elle vint se loger près de la prison, pour aller consoler chaque jour le prisonnier et tous ses amis menacés. Les troupes de la Convention ayant investi Lyon, elle se mit à la tête d'une bande d'insurgés qu'elle conduisit au camp du conventionnel Dubois-Crancé. Elle fut arrêtée elle-même plus tard, lorsqu'elle appelait les citoyens à la vengeance, son père étant tombé assassiné dans la rue.

« Elle avait été fille ardente et dévouée, dit Littré lui-même en parlant de sa mère ; qu'on juge de ce qu'elle fut pour son fils ! » Nous pourrions ajouter : Qu'on juge de ce que fut son fils ! En effet, le fils de la citoyenne si courageuse dans les journées de 1793 prit le fusil lors de la révolution de 1830 et fit le coup de feu dans la cité, toute la journée du 28 juillet. Il fut au premier rang de ceux qui pénétrèrent sur la place du Carrousel ; un de ses amis fut percé d'une balle à côté de lui. Et, le soir même de ces journées

d'émeute, après avoir éprouvé les plus violentes émotions,
après avoir couru les plus grands dangers, Littré travail-

Littré.

lait à son édition d'Hippocrate, ou préparait les matériaux
de son dictionnaire. Telles étaient ses occupations, tels

étaient ses loisirs. On voit qu'on a eu bien raison de ranger ce combattant hardi, ce travailleur infatigable, parmi les grandes et fortes natures de l'âge héroïque de notre race. Un biographe l'appelle une de ces âmes non usées par le monde et trempées par le Styx. Une figure antique, dit-il encore en parlant de la mère de Littré ; et chez ce dernier on aurait pu trouver l'image de la pauvreté antique ; « aucune ambition, aucune gloriole, aucun luxe ; le brouet des Spartiates lui aurait suffi ».

Littré avait, du reste, le culte de l'austérité et de la simplicité ; il ne se plaisait que dans une petite maison de campagne, située dans un pauvre village ; il trouvait là cette solitude qui lui était chère, et il ne recherchait d'autre société que celle de sa famille. Il disait parfois qu'il avait réalisé son vœu le plus doux de posséder un jardinet, et il rappelait volontiers le mot du poète latin Horace qui désira, lui aussi, une maison de campagne et fut si heureux de l'obtenir. Mais l'aimable épicurien Horace, comme on l'a justement observé, ne se serait probablement pas contenté d'une propriété pareille à celle que possédait Littré. Nous sommes loin de cette villa dont l'ami d'Auguste nous fait l'aimable peinture, et qui

Surpassa les jardins vantés par Épicure.

Rien de pareil chez Littré. « Le plus humble presbytère du plus pauvre des villages peut seul donner une idée de ce qu'était la maison dans laquelle le modeste propriétaire menait cette vie de labeur et de désintéressement dont nous avons parlé. C'est là qu'il prolongeait ses veilles jusqu'à trois heures du matin et, comme il était le médecin de l'en-

droit, la clarté de sa lampe brillait au loin dans la nuit comme
un fanal qui rassurait les malades. » Ne vous imaginez pas
que notre médecin gagnât quelque argent à faire ce métier ;
il donnait ses soins gratuitement aux pauvres gens de son
village. « Quand j'y vins, écrit-il, comment sut-on que je
m'étais occupé de médecine? Je l'ignore. Toujours est-il que
les paysans, mes voisins, réclamaient mes secours quand
ils étaient malades. Faisant la médecine gratis, j'aurais eu
une clientèle étendue. La vieillesse m'a déchargé de ce service bénévole, mais j'y acquis la gratitude et l'amitié de mes
voisins ; et, pour parler comme le vieillard de La Fontaine :

> Cela même est un fruit que je goûte aujourd'hui.

Celui qui parle ainsi ne peut-il pas être comparé au sage
dont le fabuliste nous a tracé un si charmant portrait? Cette
noblesse de cœur, cette générosité de sentiments, il en fit
preuve en mainte circonstance. Dans sa jeunesse, on lui
offrit des situations brillantes qui auraient pu flatter sa va-
nité ou son ambition ; il refusa, et, pour gagner sa vie et
celle de sa mère, il se mit courageusement à donner des
leçons de mathématiques et de langues étrangères. Un
de ses camarades le fit entrer à la rédaction du journal *le
National,* dirigé alors par Carrel ; l'emploi était modeste :
il s'agissait de traduire des journaux allemands et anglais.
Mais Littré ne tarda pas à attirer sur lui l'attention de son
directeur. Le *Discours sur la philosophie naturelle* de Wil-
liam Herschell venait de paraître. Le traducteur fit, dans le
National du mois de février 1835, une analyse qui témoi-
gnait d'une « science bien profonde et d'une grande péné-
tration ». On a conservé la belle lettre que le directeur du

journal, Carrel, écrivit à cette occasion à la mère de Littré. Avec quelle émotion et quelle fierté l'excellente femme ne lut-elle pas ces lignes où il était question de son Émile : « C'est à vous, Madame, que je veux faire compliment de l'admirable morceau qu'Émile nous a donné ce matin dans le *National*. Dites-lui que je ne sais personne, à Paris, capable d'écrire son article sur Herschell, et que je rougis de m'être donné, pendant trois ans, comme le rédacteur en chef d'un journal dans lequel il se contentait d'une tâche si au-dessous de son savoir et de son talent. » Cette lettre fait assurément honneur à celui qui l'écrivait. Combien ne fait-elle pas honneur aussi au fils qui était l'objet d'un tel éloge et à la digne mère qui recevait cet éclatant témoignage de satisfaction.

Ce qui caractérise Littré, ce qui l'a toujours distingué, c'est un vif amour de la science et un ardent besoin de la vérité. Le plaisir, l'intérêt, tout ce qui excite l'envie ou le désir de la plupart des hommes ne le préoccupait et ne le tentait guère. Ce qu'il rechercha, ce fut la vérité, la vertu, le bien. Ajoutons que Littré se plaisait avec le peuple et qu'il l'aimait sincèrement. Sa croyance politique, il la tenait de sa mère qui prononça un jour une parole bien remarquable. L'anecdote mérite d'être citée. « La mère de Littré, une petite vieille débile, avec de beaux yeux, cheminant un jour à côté de lui dans une des rues de Paris, fut brutalement poussée par un ouvrier qui ne voulait pas se déranger. Comme Littré la relevait : « Mon fils, dit-elle, il faut bien aimer le peuple pour demeurer de son parti. » Voilà qui marque une de ces croyances que rien ne peut ébranler. La mère et le fils se ressemblaient bien à cet égard.

Cette biographie serait incomplète si je ne parlais pas du chagrin de Littré à la mort de celle qui exerça une si grande influence sur son esprit et sur son caractère. Ce fut une explosion de douleur chez cet homme qu'on nous a présenté comme étant tout ressort et tout nerf, tout de raison et de vigueur. Il resta un mois entier sans travailler, sans toucher une plume, et plus tard, il écrivait ces lignes que nous ne pouvons nous empêcher de citer : « Il y a des larmes bien amères, mais je n'en connais pas de plus amères que la perte des siens. Même quand l'ordre de l'âge est suivi, ce n'est pas sans déchirement qu'on se sépare de ceux qui ont présidé au foyer domestique, qu'on se sépare d'une vieille mère qui nous a élevés. Même à présent que j'ai dépassé les années qu'il lui fut donné d'atteindre, le deuil me ressaisit quand je pense à la dernière nuit, à la nuit de mort, et l'amertume me pénètre le cœur. »

————

MICHELET

Veut-on savoir ce qui éveilla le goût de l'histoire dans l'esprit de Michelet ? C'est un ouvrage « sur les reines et régentes de la France », ouvrage dont sa mère avait fait sa lecture de prédilection et qu'il avait l'habitude de lire avec elle : « Je mets à part, dit-il, l'ouvrage de prédilection de ma mère, que tant de fois nous avons lu ensemble et que nos mains ont usé, livre faible au total, mais qui pourtant éveilla dans mon esprit le goût de l'histoire. » Autre détail non moins intéressant : Michelet fit de fréquentes visites, dans son enfance, au Musée des monuments français, qui fut détruit en 1815 ; sa mère l'y conduisait pour le distraire et elle lui mettait ainsi sous les yeux les grandes scènes historiques et les glorieux souvenirs du passé. « C'est là, déclare encore l'écrivain, que je ressentis la plus vive intuition de l'histoire. »

Admirables sont les qualités que l'historien reconnaît à sa mère ; il l'appelle une mère de race, distinguée, intelligente et fine. Après nous avoir introduits dans sa famille et nous avoir montré son père, « dont les espérances étaient crédules et les opérations légèrement entreprises », il nous apprend qu'il n'y avait que sa mère de raisonnable : « D'un regard profond elle pénétrait l'avenir. » Ce que Michelet admire surtout en sa mère, c'est le caractère résolu, c'est la fermeté d'âme dont elle savait faire preuve dans les occasions difficiles. Il en donne un bel exemple, en rappelant les perquisitions faites à l'imprimerie de son père, en 1796, sous le Directoire. « La mort de mon père était certaine si l'on eût trouvé certain manuscrit destiné à être imprimé chez lui. Un matin, à la première heure, un monsieur décoré tombe à l'improviste dans notre imprimerie et demande à voir les ouvrages qu'on imprime. Les épreuves du fatal manuscrit étaient précisément sur la table. L'idée ne vint pas à l'agent qu'on pût laisser traîner ainsi, exposée à tous les regards, la pièce compromettante qu'il cherchait. Il jeta en passant un regard oblique sur la table : « Et ceci, qu'est-ce ? — Ah ! ceci, dit mon père négligem- « ment, ce sont des épreuves d'imprimerie. — C'est bien ; « c'est bien ! » Et il tourna le dos. Ma mère, qui avait assisté à la scène, blanche et froide de terreur, ne fit qu'un bond, se saisit du paquet et, d'un tour de main, le jeta au feu. »

L'historien se plaît d'ailleurs à rappeler les dures épreuves qu'eut à subir parfois celle qu'il nomme sa « pauvre maman » ; il vante sa résignation héroïque ; il ajoute même que la mort ne lui inspirait aucune crainte et qu'elle en parlait avec une singulière indifférence.

A cette énergie et à cette force de volonté se joignaient une profonde tendresse et une grande douceur. C'est un joli souvenir que rappelle Michelet lorsqu'il dit que, son père ayant été jeté en prison, il alla le voir, accompagné de sa mère ; il fut effrayé tout à coup des bruits des portes ferrées. La mère attira l'enfant dans ses bras en lui répétant : « Ne crains rien ; tu es sous mon aile. »

Assurément, on pourrait dire que Michelet vécut toujours sous l'aile de sa mère. Il vécut « de sa vie », comme il le déclare lui-même, et il fut ému de ses émotions. Le père était toute la journée au dehors ; la mère restait au logis avec l'enfant, qui s'entretenait insatiablement avec elle. On ne se pressa pas d'envoyer le jeune Michelet au collège, et l'existence qu'il mena pendant ses premières années ne fut pas sans influence sur son esprit : elle surexcita son imagination. S'il eut peu occasion de lire et d'étudier, il rêva et il imagina beaucoup. Il bâtissait des châteaux en Espagne et faisait à sa mère tout un plan d'organisation pour une peuplade sauvage qu'il projetait de civiliser et de gouverner. Il ébauchait en même temps une tragédie et formait le dessein d'écrire un *Brutus* en vers ; son père devait y collaborer. La collaboration ne fut pas bien féconde ; on s'arrêta au cinquième vers. Le goût de la solitude se fit surtout remarquer de bonne heure chez Michelet ; il était heureux quand il pouvait se tenir caché dans

une chambre isolée donnant sur la cour ; il rêvait ; il goû-
tait les plaisirs de la mélancolie. Il était en même temps
fort nerveux et d'une sensibilité exagérée ; il a conservé
le souvenir de son premier chagrin, de ses premières
larmes de douleur : on voulait noyer dans l'égout les
petits d'une chatte, et le pauvre animal courait en miaulant
après les ravisseurs. « Longtemps plus tard, dit l'historien,
lorsqu'on m'en parlait, j'éclatais en sanglots. »

Mais ce chagrin est bien peu de chose en comparaison
de ce qu'il dut éprouver en voyant son père emprisonné,
sa mère sans ressources. C'est à cette dernière qu'il songea quand il écrivit la préface que nous avons rappelée en
tête de cette biographie, et où il vante l'énergie et la force
de volonté dont certaines femmes savent faire preuve, dans
les circonstances difficiles. « Je ne sais comment fit ma mère
pour subvenir à tout. » Ce souvenir personnel, rapporté
dans ses *Mémoires*[1], est bien ce qui pouvait inspirer l'écrivain à qui nous devons le livre du *Peuple*. Il songeait à
cette mère qui aida si vaillamment son mari sorti de prison,
devenu imprimeur, libraire et papetier ; déjà atteinte de la
cruelle maladie qui devait l'emporter prématurément, « elle
se fit brocheuse, plia, coupa ». Disons encore que le lieu
de l'imprimerie était fort triste et fort humide, « faisant cave
du côté du boulevard, de plain-pied sur la rue de Bondy ».

A l'âge de douze ans, le jeune Michelet fut mis dans une
pension, et c'est dans cette occasion que la mère de l'historien donna un nouvel exemple de cette énergie qui la ca-
ractérisait et justifia ce que dit plus tard l'écrivain qui parle

____

1. Voir *Ma jeunesse*, par Michelet. — Librairie Calmann-Lévy.

avec éloge de ces femmes du peuple ambitieuses pour leur
fils. Le père n'avait pas de quoi subvenir aux nécessités

Michelet.

présentes ; la mère, malade, avait besoin d'un régime particulier qui entraînait des frais ; on proposa aux parents dans

la détresse une place pour leur fils. Combien d'autres auraient accepté une pareille offre! La tentation était forte pour de pauvres gens. Ils refusèrent ; et le père et la mère de Michelet déclarèrent que l'enfant étudierait, quoi qu'il arrivât. C'est avec émotion que Michelet parle de ces espérances placées sur lui et de cette noble ambition de ses parents. On sait s'il répondit à tant de vœux et s'il fut digne de ces sacrifices.

La pension où fut envoyé l'enfant contenait, s'il faut l'en croire, bien des paresseux et des polissons ; il se garda bien de les imiter et de suivre leur exemple. Le meilleur souvenir qu'il avait gardé de ces années de collège est celui des promenades qu'il faisait avec son ami Poinsot. Les études furent plus sérieuses et la vie plus dure aussi quand Michelet fut placé au lycée Charlemagne. Les devoirs étaient difficiles ; le père suait avec son fils pour l'aider à faire les vers latins ; la mère était navrée des mauvais tours que de méchants camarades jouaient au nouveau venu ; il était leur souffre-douleur. Il n'oublia pas les persécutions de l'un d'entre eux surnommé Bobèche, et il le cite dans ses *Mémoires*. Mais ces ennuis et ces désagréments furent largement compensés par la joie qu'éprouva, un beau jour, l'écolier en apprenant qu'il était premier en thème latin. Il se précipita chez lui pour annoncer la nouvelle. On pense si la famille fut heureuse. Laissons Michelet raconter ce grand événement de sa vie : « M. Andrieux (c'était le nom de son professeur) me nomme le premier. La secousse la plus violente de la machine électrique aurait moins fait ; mes genoux fléchirent ; je ne voyais plus. Comment dire le transport avec lequel je courus à la maison? Quoiqu'il fît très glissant, j'y volai d'une traite. Mille pensées de joie et d'espérance me soulevaient. J'entre, et, sans rien dire, je leur montre ma croix ; les larmes vinrent aux yeux de mon père. Ma mère, depuis quelque temps tout à fait alitée, ne fut pas moins émue. Depuis ce jour, ils se tranquillisèrent sur mon avenir. »

Ils pouvaient en effet être tranquilles : le lycéen de Charlemagne devint plus tard professeur au collège Rollin ; ses travaux historiques lui firent obtenir bientôt une chaire au Collège de France, et il s'y distingua par son éloquence. Je ne parle pas ici de son *Histoire de France*[1] que tout le monde connaît ; je ne m'occuperai pas des autres ouvrages non moins répandus de cet écrivain, qui fut à la fois un artiste, un poète, un philosophe. Je laisse à mes lecteurs le soin de s'en assurer et de faire ample connaissance avec Michelet. J'aime mieux les entretenir encore du bon fils, de sa reconnaissance envers sa mère, de son dévouement sans bornes pour elle. Lorsqu'il la perdit, il était encore au collège ; il passa la soirée auprès de la malade, occupé à faire son devoir du lendemain. A chaque instant, il s'interrompait pour lui donner ses soins. Le matin, Mme Michelet était morte. « Je restai tout le jour les yeux fixés sur ma mère, écrit l'historien. Ce fut au retour du convoi que j'éprouvai le plus violent accès de désespoir. Cette grande chambre nue, ce lit vide, cette solitude me déchira l'âme. Pendant tout le temps que nous restâmes encore dans cet appartement, je ne marchais que sur la pointe des pieds ; je craignais de faire du

---

1. A ceux de nos lecteurs qui ne pourraient se procurer la grande histoire de Michelet nous recommanderons les trois excellents précis tirés de cette histoire intitulés : *Moyen Age, Histoire moderne* et *Révolution*.

bruit. Rien ne peut rendre ma douleur quand je revenais à moi et que je m'apercevais que mes préocupations étaient inutiles.

« En la perdant, j'avais perdu plus qu'une mère : j'avais perdu une amie, un exemple, un encouragement au devoir. Toutes mes habitudes assidues de travail près d'elle furent dérangées. »

S'il est vrai qu'on peut juger une personne d'après les regrets qu'elle nous laisse, on s'imaginera facilement, en lisant ces lignes, ce que Mme Michelet dut être pour son fils. Nous avons droit de la mettre au nombre des femmes supérieures qui surent façonner l'âme de celui qui devint un grand homme et lui mettre au cœur les fortes résolutions et les nobles sentiments.

Encore un dernier mot : lorsque Michelet se rendit en Champagne, au village de Renwez qu'avait habité sa mère, sa douleur et son émotion se renouvelèrent, plus fortes que jamais. Une de ses tantes lui montra l'embrasure de la fenêtre et la chaise où celle dont le voyageur déplorait la perte s'asseyait de préférence à son rouet : « Je me précipitai, je la saisis, cette pauvre chaise de paille, j'y collai mes lèvres, comme si elle eût été une partie d'elle-même. Il me fut impossible de m'en faire prendre une autre pour mon usage, tant que dura notre séjour à Renwez. »

AUTRES GRANDS HOMMES

BAYARD

(1476-1524)

Il est peu de héros aussi populaires que Bayard. On est d'accord pour reconnaître en lui le type le plus parfait de la chevalerie. Il est intéressant d'observer que la vie de Bayard fut la mise en pratique et l'application constante des préceptes que lui donna sa mère et des belles recommandations qu'elle lui fit à son départ. Ce fut un triste jour pour cette bonne mère quand elle dut se séparer de son fils qui allait faire ses premières armes et qui disait adieu au château de ses pères. Elle s'était retirée dans son appartement pour donner cours à son émotion ; mais, au dernier moment, quand le jeune homme était déjà en selle, elle parut et lui adressa ces remarquables paroles qui dénotent une âme tendre et un cœur noble et généreux. Le loyal serviteur qui nous a raconté la vie de Bayard nous a transcrit ces conseils maternels qui commencent ainsi : « Pierre, mon amy, d'autant qu'une mère peut com-

mander à son enfant, je vous commande trois choses tant
que je puis, et, si vous les faictes, soyez assuré que vous

Bayard.

vivrez triomphamment en ce monde. » Ces trois choses
sont de craindre et de servir Dieu « devant toutes choses » ;
d'être loyal « en dicts et en faicts » ; enfin d'être « courtois

et doux à tout gentilhomme », et surtout de ne pas manquer d'être charitable aux pauvres nécessiteux.

Cette recommandation d'être loyal « en dicts et en faicts », que l'enfant recueillait ainsi de la bouche de sa mère, méritait de devenir la devise de celui qui fut appelé le chevalier « sans peur et sans reproche ». On sait si les autres conseils se gravèrent profondément dans l'esprit du jeune homme et s'il les oublia jamais. Il partageait son bien avec ses compagnons d'armes et se plaisait à faire d'abondantes aumônes. Il est beau de voir que Bayard fut aussi bon fils et suivit pieusement les commandements maternels ; il est glorieux pour la mère que le dévouement filial qu'elle sut inspirer devint la source de grandes vertus et l'occasion de beaux triomphes.

TURENNE

(1611-1675)

Deviner les inclinations secrètes de l'enfant, ne laisser
échapper aucune occasion de les faire éclore, chercher au
besoin et provoquer de pareilles occasions, ce n'est pas
une chose de peu d'importance, en matière d'éducation.
Dans ces circonstances, l'influence de la mère peut s'exercer
de la façon la plus heureuse et la plus féconde. Elle ex-
celle dans cette tâche parfois si délicate, et, éclairée par
sa tendresse maternelle, elle imprime dans l'esprit de son
enfant des souvenirs durables et des enseignements salu-
taires.

Voyez cette scène de l'enfance de Turenne, qui est vraiment charmante et qui nous révèle tout entier « le grand
homme ». Dans ses jeunes années, Turenne lisait Quinte-
Curce, et nous savons qu'il admirait fort l'histoire d'Alexandre le Grand. Un soir qu'il manifestait cette admiration à

haute voix, en présence de ses parents et de quelques

Turenne.

familiers de la maison, un vieil officier s'avisa de contredire le jeune enthousiaste. Remarquant chez son fils une grande surprise et presque de l'indignation, la mère fit signe au contradicteur de persister dans son opinion ; elle l'encouragea même si bien qu'il vint jusqu'à mettre en doute quelques-uns des exploits du héros grec. Le petit Turenne, vivement irrité, résolut de venger le conquérant dont les hauts faits étaient ainsi méconnus et pour lequel il éprouvait lui-même une sympathie singulière. Il proposa secrètement un duel au vieil officier. Celui-ci, toujours avec le consentement de la mère, accepta le cartel de son adversaire. Les deux champions furent exacts au rendez-vous, le lendemain matin, de fort bonne heure. Turenne montrait la plus vive animation, et parlait de ne pas faire grâce à celui dont les doutes l'avaient si gravement offensé. Déjà il se mettait en garde, quand la mère parut et arrêta la lutte ; les deux combattants déposèrent les armes, et le vieil officier donna pleine satisfaction au jeune vicomte, dont il loua fort le courage.

Que penser de cette scène de duel, si habilement amenée par une mère jalouse de l'avenir de son fils ? Cet incident ne lui donne-t-il pas occasion de démêler dans l'enfant une noble fierté, une grande bravoure et l'amour de la gloire ?

Ajoutons que Turenne pouvait trouver dans la famille de sa mère de beaux modèles à imiter, de glorieux exploits à égaler ; de ce côté, en effet, tout lui rappelait la guerre, avec ses périls et ses triomphes. On sait que Turenne était fils du duc de Bouillon, Henri de La Tour d'Auvergne, et d'Élisabeth de Nassau. Celle-ci eut pour père Guillaume le Taciturne, qui s'illustra comme stathouder à la tête des armées ; elle eut pour frères Maurice de Nassau, qui fut regardé comme le premier tacticien de son époque, et Henri de Nassau, dont les talents militaires ne furent pas inférieurs à ceux du précédent. C'est à l'école de ces deux capitaines que Turenne se forma ; il était à peine âgé de treize ans, quand sa mère, malgré sa tendresse pour son fils, se sépara de lui ; et, faisant violence à son amour maternel, envoya servir sous les ordres de ses oncles celui sur lequel elle fondait de si belles espérances. On sait si l'enfant y répondit et s'il profita des leçons qu'il reçut !

LINNÉ

(1707-1778)

> ..... Ses mains pour hochet demandèrent des fleurs :
> Faible enfant, on le vit dans le fond des campagnes,
> Sur le flanc des rochers, au penchant des montagnes,
> Braver la ronce aiguë et les cailloux tranchants
> Et rentrer tout chargé des dépouilles des champs.

Le poète qui consacre ces vers à Linné fait allusion à certains traits d'enfance du naturaliste. Mme Linné, femme d'esprit et de jugement, s'intéressait beaucoup aux travaux de son mari, qui cultivait un petit jardin attenant à leur maison ; quand l'enfant qui devait être si célèbre vint au monde, elle faisait cesser ses cris en lui mettant des fleurs dans ses mains enfantines. Dès qu'il put marcher, on le laissa courir et jouer au jardin ; à quatre ans, le petit Linné demandait déjà les noms de toutes les plantes et des fleurs qu'il voyait. Pourtant le père ne désirait pas que son

fils devint un savant, il le destinait à l'état ecclésiastique ;
d'ailleurs, les premiers maîtres donnés à l'enfant déclarèrent que l'écolier était un paresseux et ne ferait ja-

Linné.

mais rien de bon. Il négligeait en effet la classe pour courir la campagne et cueillir des plantes. Plus d'une fois le
père voulut brûler les cahiers, les herbiers de l'enfant, et
il adressa à son fils de sévères menaces ; mais la mère

apaisait son mari et intervenait en faveur de celui qui avait
tant de plaisir à herboriser. Elle avait déjà plusieurs fois
remarqué que, parmi ces plantes recueillies par son fils, il y
en avait quelques-unes d'un effet salutaire et bienfaisant,
fort utiles dans la médecine. En même temps, elle devinait

Linné cherchant des herbes.

que le vif plaisir que l'enfant éprouvait à courir les bois et
à chercher les herbes au milieu des neiges était autre chose
qu'une vaine fantaisie et une frivole distraction. Elle cherchait à le consoler, un jour qu'il s'était retiré dans sa
chambre et qu'il pleurait, parce que le père lui avait for-
mellement interdit de passer son temps à autre chose qu'à

l'étude du latin et des livres saints. Dans sa tendresse et
dans sa clairvoyance, la mère prit le parti de l'enfant et, à
l'insu de son mari, elle lui permit de se livrer à ses études
favorites. « Chaque matin, pendant que ton père dormira,
tu iras à tes chères découvertes, lui dit-elle ; mais tu ne
dépasseras pas le temps permis et tu rentreras à l'heure
dite pour travailler le latin. » C'est elle qui venait éveiller
chaque matin le petit herboriseur ; elle lui préparait elle-
même son déjeuner, l'habillait chaudement et s'assurait
que rien ne lui manquait. Elle retranchait tous les matins
deux heures de son sommeil pour donner des soins à son
fils et satisfaire un désir d'où dépendait vraiment son avenir. L'enfant fut un jour surpris par son père, qui décida de
le mettre au collège. Le jeune écolier quittant la maison
paternelle pour aller continuer les études théologiques em-
portait dans sa malle son précieux herbier, que sa bonne
mère avait eu soin d'y mettre au moment du départ. Et
celui qui, par suite de la volonté paternelle, risquait de n'être
qu'un pasteur de campagne, obscur et ignoré peut-être,
devint, grâce au dévouement et à l'affection de sa mère, un
des savants les plus illustres de son pays et de son temps.
Linné fut nommé professeur de botanique à l'université
d'Upsal, et il donna à cette science la première classifica-
tion demeurée longtemps célèbre et qui a porté son nom.

FRÉDÉRIC II, LE GRAND

(1712-1786)

On sait que Frédéric II, roi de Prusse, fut ami des lettres, qu'il laissa plusieurs ouvrages en vers et en prose, tous écrits en français, qui était sa langue de prédilection. Au milieu des travaux de la guerre et des agitations de sa vie politique, le souverain ne cessa de sacrifier à ses goûts littéraires et philosophiques. C'est lui qui appela à sa cour Voltaire, Maupertuis et autres écrivains et savants. De qui ce prince tenait-il ses goûts pour les lettres, les sciences et les arts ? Certes, ce n'est pas de son père, le roi-sergent, qui fut l'ennemi de toute civilisation, dont la vie entière fut la vie de caserne, sous qui la Prusse n'offrit que l'aspect d'un vaste camp. Frédéric fut continuellement l'objet des rigueurs paternelles ; il vit tous ses goûts contrariés, toutes ses inclinations traversées, toutes ses démarches épiées ou calomniées ; il fut même menacé de perdre la vie. Frédéric-Guillaume l'appelait dédaigneusement un petit-maître et un bel esprit français.

Ce bel esprit français, ce prince aimable et spirituel, tenait beaucoup de sa mère, Sophie Dorothée, connue par sa beauté et par son esprit, et sans elle il n'aurait pu se soustraire à l'éducation que son père lui destinait et qui était « toute militaire et toute bornée et pédante ». C'est à elle que Frédéric, poussé à bout par les mauvais traitements paternels, écrivait des lettres touchantes où il exprime son découragement et son désespoir ; c'est auprès d'elle et de sa sœur la margrave de Bayreuth, princesse distinguée, qu'il trouvait quelque consolation et quelque distraction. Toute sa vie Frédéric conserva pour sa mère un profond attachement. Devenu roi, il venait lui rendre régulièrement ses devoirs au château où elle s'était retirée. Un écrivain qui a vécu à la cour de Berlin et qui l'a bien connue dit que jamais on ne vit un souverain montrer autant d'assiduité et de respect. Ce même écrivain nous apprend qu'on ne pouvait trouver de femme qui eût un plus grand air et un regard plus imposant que la mère de Frédéric le Grand.

Il n'est pas inutile de rappeler que celui qu'on a surnommé le roi-philosophe, qui avait tant de prédilection pour les chefs-d'œuvre français, fut élevé par une Française, Mme de Rocoules, femme d'un mérite éminent. Frédéric lui voua une grande affection. Chaque semaine il allait passer une soirée chez elle, dans la compagnie d'hommes instruits, appartenant à la colonie française ; et il conserva cette habitude sur le trône, tant que vécut son institutrice.

WASHINGTON

(1732-1799)

« A Cornélie, mère des Gracques, » telle fut l'inscription simple et éloquente placée par les Romains sur la statue élevée à cette femme courageuse et vaillante. Un hommage semblable fut mérité par la mère du plus grand homme d'État américain, du fondateur de la république des États-Unis, de Washington. Sur le tombeau de celle qui éleva son fils Georges, dont elle pouvait être si fière, on grava ces mots : « A Mary, mère de Washington. »

Femme d'un esprit supérieur, cœur chaud et ferme, Mme Washington éleva ses dix enfants et administra leurs biens à la mort de son époux. Georges, celui qui devait jouer un si grand rôle dans l'histoire de son pays, n'avait que douze ans quand son père mourut ; il fut formé par les leçons de sa mère, par ses préceptes et par ses exemples. On rapporte que la lecture favorite de la mère de Washing-ton était un livre de morale, un manuel rempli d'utiles

maximes et de règles de conduite. Ce manuel fut conservé
avec le plus grand soin par ses enfants, à qui elle en aurait
même fait copier des extraits. On y aurait donc retrouvé
comme la « source où l'âme de Washington puisa ses premières inspirations ». En tout cas, ce n'est pas la conduite
du héros américain qui démentira jamais cette maxime :
« Efforcez-vous de conserver pure, dans votre sein, cette
étincelle de feu céleste qu'on nomme conscience. » On
pourrait citer beaucoup d'autres pensées et faire voir que
Washington semble s'en être souvenu toute sa vie. Voici
un bien joli mot de Mme Washington, et qui nous montre
que, comme bien des mères de grands hommes, elle avait
la conscience que son fils avait profité de ses leçons. On
la félicitait des succès de celui qui dirigeait les armées de
la république, et l'on « exaltait devant elle le passage de
la Delaware ». Elle répondit : « Messieurs, c'est trop de
flatterie ; mais Georges n'oubliera pas mes leçons ; il ne
s'oubliera pas lui-même, au milieu des louanges dont il
est l'objet. »

Tous ceux qui ont connu Mme Washington ont parlé
de son air de grandeur et de simplicité à la fois, de sa
dignité et de sa modestie. Nous terminerons par ces quelques lignes empruntées à une excellente étude : « J'ai
été longtemps le condisciple de Georges, raconte un des
cousins de Washington ; je craignais plus sa mère que mes
propres parents. Elle était vraiment bonne ; mais, même au
milieu de sa bienveillance, elle imposait. Et aujourd'hui que
le temps a blanchi mes cheveux, je ne pourrais revoir
cette femme majestueuse sans éprouver un sentiment impossible à décrire. »

PARMENTIER

(1737-1813)

Parmentier, un des noms les plus populaires de notre pays, avait huit ans quand il perdit son père. Fort modiques étaient les ressources de sa mère, demeurée veuve avec trois enfants en bas âge. Mais Mme Parmentier, nous dit un biographe, était une femme forte, un caractère élevé, soutenu par une piété sincère et éclairée. N'ayant pas les moyens de mettre son fils au collège, ce fut elle-même qui se chargea de son éducation ; elle se fit son professeur, en même temps qu'elle devint l'institutrice de ses filles. Elle avait reçu une éducation plus soignée qu'on ne la donnait ordinairement à cette époque aux jeunes personnes appartenant à la bourgeoisie. Il paraît même qu'elle enseigna à son fils les premières notions du latin. Si Parmentier ne fit pas dans cette branche des progrès bien sensibles, il puisa du moins dans les leçons maternelles ces

grands principes de religion et de morale qui ne devaient
jamais s'effacer de son esprit ni de son cœur. C'est là, en

Parmentier.

effet, un des traits qui caractérisent celui dont nous parlons ;
on est d'accord pour reconnaître en lui la noblesse des sentiments et l'élévation du caractère. N'est-ce pas lui qui,

prisonnier en Allemagne, refusait les offres les plus avantageuses et les plus brillantes pour ne pas renoncer à sa patrie? N'est-ce pas lui encore qui restait célibataire et refusait les plus beaux partis pour subvenir plus aisément aux besoins de sa mère? En cela, il était inspiré par son amour filial ; ce fut ce même amour qui le décida à abandonner la carrière ecclésiastique à laquelle on le destinait, et à choisir une profession où il serait plus vite en état d'être utile à sa famille. En obéissant à ce pieux sentiment, Parmentier allait trouver l'occasion de déployer les aptitudes remarquables qu'il avait pour les sciences, et de justifier ainsi la haute opinion que sa mère s'était formée de lui. Car Mme Parmentier, comme bien des mères de grands hommes, fondait sur son fils les plus belles espérances, et rêvait pour lui un brillant avenir. Son attente ne fut pas trompée.

Non seulement Parmentier se rendit célèbre en propageant la culture de la pomme de terre, mais il remplit les plus hautes fonctions et arriva aux honneurs ; il fut nommé pharmacien en chef de l'hôpital des Invalides, inspecteur général du service de santé. Ses services et de nombreux travaux le firent entrer à l'Institut. Et le fils de la pauvre veuve de Montdidier mérita que l'illustre Cuvier fît son éloge et dît « que toute sa vie il fut enflammé du beau feu de l'humanité ».

PESTALOZZI

(1746-1827)

Voici un exemple fort intéressant de ce que vaut l'éducation première, et de ce que peut sur l'enfant l'influence du milieu, de son entourage, de sa mère. Pestalozzi, qui fit tant pour l'éducation du peuple et se voua à l'instruction des classes pauvres, était né de pauvres gens du peuple. Il fut élevé par sa mère, et il écrivit le *Livre des Mères* pour donner de précieux conseils à celles qui veulent élever leurs enfants. Il prétendait que les facultés de ces derniers se développent bien mieux dans l'intérieur de la famille, et il ne connut d'autres soins que ceux de la famille. Pour l'illustre pédagogue, le premier enseignement de l'homme doit descendre sur son cœur du cœur et des lèvres de sa mère ; et c'est l'enseignement qui lui fut donné à lui-même.

Pestalozzi n'avait pas six ans lorsque son père mourut ; sa mère, restée veuve avec trois enfants en bas âge, se voua

entièrement à leur éducation ; c'était une personne économe, honnête et laborieuse. Elle fut aidée dans sa tâche
par une servante pieuse et fidèle, dont Pestalozzi a rappelé
de touchants souvenirs. Elle s'appelait Babely. Lorsque le
père de Pestalozzi se sentit près de mourir, il fit venir
Babely près de lui et la conjura de ne pas abandonner sa
femme et ses enfants. « Je ne quitterai pas votre femme, si
vous venez à mourir, répondit la brave servante ; je resterai avec elle jusqu'à ma mort si cela est nécessaire. » Et
elle tint parole ; elle contribua à faire régner l'économie
dans le ménage et apporta le plus grand dévouement dans
son service. Mme Pestalozzi vivait dans une profonde
retraite, et ses moyens d'existence étaient fort limités.
Tout cela influa sur l'esprit du jeune Pestalozzi, en bien et
en mal. Cette vie simple, retirée, ces mœurs patriarcales,
ces soins dont il était l'objet continuellement de la part de
ces deux pauvres femmes développèrent en lui une profonde sensibilité, de vifs sentiments de reconnaissance, la
bonté, la compassion, la douceur, le besoin de se sacrifier
pour les autres : voilà les traits saillants de son caractère.
Dans ses ouvrages, *Léonard et Gertrude*, *comment Gertrude instruisit ses enfants*, on pourrait retrouver maint
souvenir, ou pourrait faire plus d'un rapprochement entre
Gertrude « qui lutte à la maison contre la misère avec tout
le courage que donnent la foi en Dieu et l'amour pour les
siens » et les deux excellentes femmes par qui l'auteur fut
élevé.

Mais, il faut le dire aussi, Pestalozzi, dans cette retraite
et loin du monde, ne put acquérir l'expérience des hommes.
Il fut toute sa vie un grand enfant. Un ami qui le con

naissait bien déclarait que, s'il était ministre, il consulterait
Pestalozzi pour porter remède aux besoins du peuple et
soulager ses malheurs, mais qu'il ne lui confierait pas un
denier à administrer. Dans une biographie, nous trouvons
ces mots qui résument bien le caractère de l'homme et rappellent son éducation : « Dans Pestalozzi il y avait autant
de la femme que de l'homme. »

CUVIER

(1769-1832).

Le célèbre Cuvier, à qui les sciences naturelles sont redevables de tant d'étonnantes découvertes, a parlé avec une touchante simplicité de ses jeunes années et des soins qu'il reçut de sa mère, femme d'esprit et de cœur. « Ma mère, disait-il, avait beaucoup d'esprit et de sensibilité. » Elle avait porté toute son attention sur l'éducation de son fils ; tous les travaux, toutes les études de l'enfant se faisaient sous la surveillance maternelle. « Sa fortune, dit encore l'auteur, et celle de mon père s'étant, petit à petit, réduites à peu près à rien, une pension de 800 francs suffisant à peine aux premiers besoins, elle vivait fort retirée et ne s'occupait que de mon instruction. » N'est-il pas fort joli ce détail que nous trouvons plus loin : « Bien qu'elle ne sût pas le latin, elle prenait la peine de me faire répéter mes leçons. » Le jeune écolier n'oublia pas les soins de celle que nous

pourrions appeler le meilleur des répétiteurs. Car il ajoute,
avec un naïf orgueil, que « de cette manière il était presque
toujours le meilleur écolier de sa classe ».

Mais là ne se borna pas le rôle que joua la mère de Cuvier
dans l'éducation d'un fils qui devait être si célèbre. Il a
voulu, ce semble, rendre à cette bonne mère la gloire qu'il

Cuvier.

s'est acquise, et l'associer à son immortalité. « Elle me rendit un service plus grand encore, s'écrie-t-il avec une
pieuse reconnaissance, en me faisant souvent dessiner
sous ses yeux, et en me faisant lire beaucoup de livres de
littérature et d'histoire. Je pris ainsi une passion pour la
lecture et une curiosité de toutes choses qui ont fait le
principal ressort de ma vie. »

Veut-on savoir maintenant pourquoi Cuvier rappelle

complaisamment le grand service que lui a rendu sa mère
en lui enseignant le dessin ? C'est qu'il put de bonne heure
copier les figures d'un exemplaire de Buffon qu'il avait
sous les yeux, « les enluminer d'après les descriptions »,
et qu'il acquit ainsi les connäissances les plus précieuses
en histoire naturelle. Écoutons son propre aveu : « J'ose
dire que cet exercice m'avait rendu les quadrupèdes et les
oiseaux tellement familiers que peu de naturalistes en ont
eu des idées aussi nettes que je les avais dès l'âge de douze
à treize ans. »

WALTER SCOTT

(1771-1832)

C'était un excellent homme que le père de Walter Scott ;
toutefois il ne s'occupa guère de l'instruction de son fils.
Mais, lorsqu'il s'agit de la mère de l'illustre romancier, les
éloges ne tarissent pas sous la plume des biographes : nature
poétique, esprit, goût, imagination, il n'est pas de qualité
qu'on ne lui reconnaisse. Élisabeth Rutherford (c'était son
nom de jeune fille) avait pour père un médecin distingué
de l'université d'Édimbourg ; elle était sœur d'un chimiste
auquel les Anglais attribuent la découverte de l'azote. De
plus (ce détail n'est pas sans importance), elle était d'une
famille guerrière célèbre dans les guerres de l'Écosse. De
bonne heure elle fut appelée à diriger la maison de son
père et nous savons qu'elle fut habituée à s'entretenir avec
des savants et des gens de lettres ; elle reçut les leçons des
plus habiles maîtresses. A beaucoup de bon sens et de

prudence elle joignait l'instinct poétique et artistique. Elle aimait les vers, et elle était elle-même un poète plein de goût et de génie, aimant ce que son fils appelle « l'art qu'on n'a jamais appris et qu'on n'apprendra jamais ».

Ce fut cette femme supérieure qui apprit à son fils les premiers éléments des connaissances, et qui dirigea son éducation. Faut-il s'étonner si cette éducation porta d'heureux fruits? N'était-il pas naturel qu'il devînt poète et romancier l'enfant élevé par les soins et sous les yeux d'une mère qui ne se plaisait que dans la société des poètes, qui recevait Burns, le Villon écossais, qui était l'amie et l'inspiratrice d'Allan Ramsay ? Celui-ci, le restaurateur de la poésie écossaise, avait fondé un cabinet littéraire qui fut comme « un océan où se plongea Walter Scott ». C'est le romancier lui-même qui nous donne ce détail, et qui nous apprend qu'il lut les romans en vers de la chevalerie. Il connut par Ramsay, l'ami de sa mère, nombre de légendes écossaises, dont il tira profit dans ses ouvrages : car Ramsay en était « un répertoire vivant ».

Il n'est pas jusqu'à la demeure de ses parents qui n'exerça quelque influence sur Walter Scott. Comme il était faible de santé, il fut élevé à la campagne dans une demeure rustique, située dans un lieu ravissant et pittoresque, riche « en souvenirs de guerre, d'amour et de magie ». Et l'on a fait observer avec raison que ce séjour rendit l'imagination de l'enfant plus fleurie et son esprit plus ouvert.

ARY SCHEFFER

(1795-1858)

Ary Scheffer était encore enfant quand son père mourut. Sa mère résolut, quoique ses ressources fussent des plus minces, de venir s'établir avec sa jeune famille à **Paris**, afin qu'Ary pût profiter, pour son instruction artistique, des avantages qu'offre cette ville. Mais, comme il lui fallait quelque temps pour réaliser le peu qu'elle possédait, elle plaça provisoirement Ary dans une école à Lille. Durant le séjour qu'il y fit, elle entretint avec lui une correspondance suivie qui mérite de servir de modèle à toutes les mères qui rêvent la gloire pour leur fils, et qui sont soucieuses de leur avenir. Les lettres de la mère d'Ary Scheffer renferment les conseils les plus sérieux et les plus judicieux, et dénotent une grande force d'âme et une admirable pureté de caractère ; on y trouve aussi les expressions de tendresse maternelle les plus touchantes et les plus vives. « Si tu pouvais me voir, dit-elle à son fils dans une de ses lettres, embrassant ton portrait, le quittant pour le reprendre encore, et les larmes aux yeux l'appeler « mon cher cœur », « mon fils chéri », tu sentirais alors combien il m'en coûte de prendre quelquefois le ton de la sévérité et de te causer quelques instants de chagrin. »

Cette bonne mère fondait de grandes espérances sur l'objet d'une si profonde tendresse ; elle avait pour lui une noble ambition qui lui inspirait un langage fier et plein d'assurance : « Je nourris toujours l'espoir, écrivait-elle, de te voir un jour un des premiers peintres de notre siècle et même de tous les temps. » Mais, en même temps, comme elle prêche le travail et la modestie ! Comme elle cherche à prémunir son fils contre la présomption ! Que d'excellentes recommandations et d'utiles enseignements ! « Travaille avec ardeur, ne cesse-t-elle de répéter ; sois par-dessus tout simple et modeste, et si tu t'aperçois que tu surpasses les autres, compare ce que tu as fait avec la nature elle-même ou avec l'idéal que tu t'étais formé ; et le contraste sera si apparent qu'il te mettra en garde contre l'orgueil et la présomption ! »

Devenu vieux et déjà au faîte de la gloire, Ary Scheffer se plaisait à rappeler à ses enfants les conseils qu'il avait reçus de sa mère, et la citait volontiers comme exemple. Nul doute, en effet, que cet exemple ne fut pour lui l'inspiration de toute sa vie.

Rappelons qu'Ary Scheffer eut un frère, Henri Scheffer, qui se distingua aussi dans la peinture, sans atteindre toutefois à la grande célébrité de son aîné. Il réussit dans le portrait et dut, comme Ary, beaucoup aux conseils de sa mère. Un des principaux tableaux d'Ary Scheffer est *Françoise de Rimini,* considéré comme un des chefs-d'œuvre de l'École moderne.

Ary Scheffer.

MENDELSSOHN

(1809-1847)

Quel tableau riant et plein d'intérêt que celui de l'intérieur où vécut et grandit celui qui s'illustra par ses sym-
phonies, ses oratorios, ses ouvertures, et qui fut le fameux
compositeur Mendelssohn ! On nous représente la maison
maternelle où il fut élevé comme une ruche féconde et laborieuse, où frères et sœurs se livraient aux études les plus
variées et les plus sérieuses. Quant à la mère de l'artiste,
faut-il ajouter qu'elle était bonne musicienne ? Nous savons
même qu'elle chantait avec beaucoup d'expression et que
sa voix était très suave. Elle était fort instruite en même
temps, et parlait le français, l'anglais, l'italien. Une ré-
cente biographie nous révèle ce détail, qui ne manque pas
d'intérêt, c'est qu'elle lisait en secret Homère dans l'original ;
nous savons encore qu'elle cultivait certains arts d'agrément et qu'elle dessinait avec assez de goût. A toutes ces

14

qualités se joignait une extrême modestie. « Tous ces avantages acquis ou reçus ne l'éblouissaient pas ; elle en jouissait sans frivolité ni excès. »

On peut s'assurer combien ce jugement est vrai en lisant ces quelques mots laissés par cette femme de cœur et de bon sens : « Mon piano, dit-elle, mon armoire à livres, ma table à écrire sont les seuls ornements de ma chambre, avec quelques fleurs. » On voit que la note poétique ne manque pas ; et, s'il est vrai qu'on peut juger d'une personne non pas seulement d'après la société qu'elle fréquente, mais d'après les objets même dont elle s'entoure, d'après ses occupations préférées, ses amusements, on reconnaîtra facilement que celle qui a écrit les quelques lignes citées plus haut était digne d'avoir pour fils l'illustre Mendelssohn. En même temps qu'à un esprit solide elle joignait une vive imagination et qu'elle savait, selon le vieux précepte, « mêler l'utile à l'agréable », elle avait un cœur de mère et veillait sur les siens avec la plus grande sollicitude. « Ne te tourmente pas tant à cause de moi, » lui écrivait le fils dont elle pouvait être si fière. Nous avons parlé ailleurs [1] de la douleur qu'il éprouva quand il perdit cette excellente mère. On sait si ces regrets furent mérités.

1. Voir l'introduction.

J. DE MAISTRE

(1754-1821)

Le comte de Maistre, qu'on a appelé le chef de l'école théocratique, attaqua avec acharnement la liberté et la philosophie, et soutint, de toutes ses forces, la puissance temporelle du pape. Ministre plénipotentiaire à Saint-Pétersbourg, il dut quitter la Russie parce qu'il avait pris avec chaleur le parti des jésuites proscrits. Il est curieux de rapprocher de ce fait le trait suivant :

Tout enfant, J. de Maistre eut une impression très vive et qui ne s'effaça jamais. C'était l'époque où l'on supprimait en France l'ordre des jésuites. Cet événement faisait grand bruit et l'enfant, qui en avait entendu parler tout autour de lui, sautait pendant sa récréation en criant : « On a chassé les jésuites ! » La mère l'entendit et l'arrêta : « Ne parlez jamais ainsi, lui dit-elle ; vous comprendrez un jour que c'est un des plus grands malheurs pour la religion. »

Celui qui rapporte cette anecdote si instructive ajoute que
cette parole, et le ton dont elle fut prononcée, restèrent toujours présents à la mémoire de J. de Maistre. La vie et les
écrits de ce dernier suffiraient à l'attester.

D'ailleurs la mère du comte de Maistre, qui exerça une
si grande influence sur son fils, était une personne d'une
haute distinction. Une mère sublime ! voilà comment l'écrivain se plaît à la nommer ; il avait pour elle un véritable
culte. Il en parle en termes d'une force singulière et qu'il
est intéressant de reproduire : « Ma mère, dit-il, était un
ange à qui Dieu avait donné un corps. Mon bonheur,
ajoute-t-il, était de deviner ce qu'elle désirait de moi. »
Dans une lettre à son frère, il rappelle avec une vive émotion cette « sainte figure ». Lamartine a dit, en parlant de
J. de Maistre, que l'écrivain était supérieur en lui au
penseur, mais que l'homme était encore très supérieur
au penseur et à l'écrivain. On ne peut s'empêcher de songer à ce jugement quand on lit des lignes comme celles
qui suivent : « A six cent lieues de distance, les idées de
ma famille, les souvenirs de mon enfance me ravissent de
tristesse. Je vois ma mère qui se promène dans sa chambre
avec sa figure sainte, et en t'écrivant ceci (le comte de
Maistre s'adresse à son frère) je pleure comme un enfant. »

CHARLET

(1792-1845)

Charlet est un de nos artistes les plus populaires : ce sont aussi les scènes populaires qu'il traita avec le plus de talent, et les sujets militaires. On l'a comparé à Béranger, et non sans raison. Dans le poète, on retrouve le peuple avec ses souvenirs, ses sentiments, ses instincts; on peut en dire autant du peintre et du dessinateur. Ses œuvres ont quelque chose de patriotique et de national, comme celles de Béranger.

Charlet perdit de bonne heure son père, qui ne lui laissa en mourant « qu'une vieille culotte de peau et une paire de bottes fatiguées par les campagnes de Sambre et Meuse, et son décompte de linge et de chaussures, lequel se montait à 9 fr. 75 ». L'héritage n'était pas bien lourd, comme on peut le voir. Mais la Providence avait donné à l'enfant une mère qui était un modèle de courage et de persé-

vérance ; ce fut elle qui inspira à son fils les sentiments
« dont la forte et vive expression devait faire le génie de

Charlet ». Il est intéressant d'observer que la mère de celui
qui fut peintre de batailles, qui dessina les « grognards »,
qui fit comme l'histoire du soldat de l'Empire, professa

pour l'empereur un dévouement, un enthousiasme qui tenaient du fanatisme ; elle cherchait toutes les occasions de voir le grand homme. L'auteur de l'*Histoire des peintres* l'a caractérisée heureusement. « C'est une ancienne, » dit-il. Ce fut par les soins de sa mère que le jeune Charlet fut placé à l'école des Enfants de la patrie ; plus tard, elle le fit entrer au lycée Napoléon et s'imposa de dures privations pour continuer l'éducation de son fils. Celui-ci montra toujours beaucoup de tendresse pour elle et lui voua le plus grand respect. Pour gagner le pain quotidien et lui venir en aide, il devint petit commis de mairie. Dans un moment d'abattement et de chagrin, il écrivait : « Excepté ma mère, rien ne me retenait en ce monde. »

Ajoutons que Charlet reproduisit l'excellente femme dans plusieurs de ses lithographies et de ses dessins. Il en a fait le type « de ces vieilles paysannes énergiques et pleines de santé ». Le critique que nous avons déjà cité conclut avec raison que si Charlet, au lieu d'avoir pour mère cette femme du peuple d'un grand cœur et d'un mâle courage, avait été le fils d'une femme du monde riche et mésalliée, il n'aurait pas eu le stimulant de la piété filiale ni ces allures populaires qu'il devait prendre un jour et qui donnent à son œuvre un cachet tout particulier.

BRIZEUX

(1805-1858)

« La poésie est une de ces déesses qui ne protègent pas
l'homme à qui a manqué le souvenir de sa mère, » a dit
Saint-René Taillandier en parlant du poète breton Brizeux.
Et le critique nous apprend que celui-ci, ayant perdu son
père de bonne heure, fut élevé par sa mère, dont l'influence
fut singulièrement vive sur son éducation morale. Il lui devait, ajoute-t-il, la simplicité du cœur et une sensibilité ex-
quise. C'est là ce qu'on trouve en effet dans les productions du
poète ; c'est là ce qui caractérise en particulier la gracieuse
et touchante idylle appelée *Marie*. Dans ce poème, Brizeux
se plaît, du reste, à reconnaître ce qu'il doit à sa mère et à
l'associer à son œuvre. C'est en beaux vers que l'écrivain
exprime sa reconnaissance, et l'amour filial lui inspire des
images gracieuses et riantes :

Si ton doigt y souligne un mot frais, un mot tendre,
De ta bouche riante, enfant, j'ai dû l'apprendre.
Son miel avec ton lait dans mon âme a coulé,
Ta bouche à mon berceau me l'avait révélé.

Le poète breton ne se rencontre-t-il pas ici avec Lamartine, qui déclare lui aussi qu'il « puisait surtout dans l'âme
de sa mère » ! Quelles sont les sources auxquelles Brizeux
est venu puiser ? Que chante-t-il de préférence ? C'est la
patrie, la religion ; c'est encore la famille ; c'est le culte du
foyer ; il lui doit ses meilleurs vers, on l'a dit, et ses plus
pures inspirations. Qu'on relise les adieux d'un fils à sa
mère, où le poète nous représente la triste séparation,
sentant son cœur se fondre, essuyant à l'écart ses pleurs
pour répondre à la pauvre affligée. Comme on est touché
des paroles de la bonne vieille qui passera son temps à chercher l'absent de chambre en chambre !

Oui, quand tu pars, mon fils, oui, c'est un vide immense,
        J'en ai pour huit jours ;
J'en ai pour tous ces mois d'octobre et de novembre,
Mon fils, à te chercher partout de chambre en chambre ; —
Songe à mes longs ennuis ! — et lasse enfin d'errer,
Je tombe sur ma chaise et me mets à pleurer.

On pourrait citer bon nombre de ces beaux vers, de ces
détails touchants où se retrouve cette sensibilité que nous
admirons et qui nous charme, et que la mère sut inspirer
à son enfant. On sait que la dernière pensée de Brizeux
mourant était encore pour la Bretagne, son pays natal, et
pour sa mère.

HENRI HEINE

(1797-1856)

Henri Heine, célèbre écrivain né en Allemagne, se distingua à la fois dans la littérature allemande et dans la littérature française. On cite surtout de lui ses esquisses de voyage (*Reisebilder*) et ses chants ou *Lieder*.

Cet écrivain, qui possédait au plus haut point l'esprit satirique et mordant, auquel on reprocha, parfois même, son insensibilité, se plaît à rendre hommage aux vertus et aux hautes qualités de sa mère et à proclamer qu'il lui doit une grande partie de son heureuse éducation.

On trouve chez la mère de Henri Heine cette ambition noble et légitime qui caractérise bien des femmes d'élite : l'ambition de voir son fils devenir un homme supérieur.

Le célèbre écrivain nous dit lui-même que sa mère rêvait pour lui « des destinées de haut vol ». Et elle ne négligea rien pour arriver à son but. Elle avait d'ailleurs

reçu une éducation sérieuse et solide, partageant les études
d'un frère, médecin distingué, aidant son père dans ses
travaux, lui lisant des dissertations latines. Pénétrée des
idées de Rousseau sur l'éducation, elle s'occupa à rédiger
elle-même le programme des études de son fils, « avant
même que je fusse né », s'écrie Henri Heine, dont on connaît l'esprit humoristique et qui nous apprend en plaisantant
que « la science de l'éducation était la manie favorite de
sa mère ». Cette manie, pour nous servir de l'expression
de l'écrivain, allait jusqu'à surveiller les récréations de
l'enfant, et ses relations ; à l'empêcher de prendre part aux
jeux de ses camarades, à gronder les servantes qui racon-
taient devant lui des histoires de fantômes. Mme Heine
pensait avec raison que les plus petits détails ont leur importance quand il s'agit de l'éducation première. Ce fut
une surveillance de tous les instants, ce furent des remontrances continuelles ; ce qui n'empêche pas l'écolier de reconnaître que sa mère fut toujours pour lui l'indulgence et
l'amour même. Non contente de lui tracer le programme
de ses études, elle lui fournissait les moyens d'étudier et
s'imposait des sacrifices dans les temps difficiles. C'est ainsi
qu'elle vendit sa parure, son collier, ses boucles d'oreilles
pour assurer l'entretien de son fils parti pour l'Université
et ne recevant pas d'argent de son père, dont les affaires
étaient en mauvais état.

Je ne quitterai pas Henri Heine sans rapporter cette
anecdote plaisante et instructive à la fois : Un chiffonnier
parcourait les rues de la ville natale, dit l'écrivain, avec une
charrette traînée par un âne, qui s'arrêtait ou partait au
seul cri de « Haaruh » lancé par son maître. Or on appelait

familièrement Harry le jeune Heine. La similitude de son nom avec le mot du chiffonnier fut pour l'enfant une source de quolibets et de plaisanteries de la part de ses camarades ; il en pleura bien souvent ; son homonymie avec l'animal aux longues oreilles fut son « cauchemar », comme il l'avoue. Mais il semble éprouver une véritable satisfaction quand il rapporte les paroles de sa mère à laquelle il se plaignait parfois. « Elle me recommandait de tâcher de m'instruire et de devenir un homme intelligent, car jamais alors on ne me confondrait avec un âne. »

DE

QUELQUES GRANDS HOMMES

AUXQUELS LA MARRAINE,
LA GRAND'MÈRE OU LA TANTE
ONT TENU LIEU DE MÈRE

BERNARDIN DE SAINT-PIERRE

(1737-1814)

On n'a pas toujours à constater l'influence souveraine de la mère ; il peut se présenter des cas où elle n'exerce pas un ascendant absolu sur son fils, et ne décide pas de sa destinée. Mais alors ne manque pas celle que nous pouvons appeler une seconde mère. C'est elle qui provoquera l'éclosion de certaines facultés particulières à celui qui sera le grand homme ; c'est elle qui agira sur son éducation, c'est à elle aussi que l'enfant s'intéressera le plus vivement, et c'est avec elle qu'il sera en communauté d'idées, de sentiments et de goûts.

Nous pouvons le constater pour Bernardin de Saint-Pierre. Sa marraine, Bernardine de Bayard, exerça sur lui la plus

sérieuse influence, et cette influence, a dit un critique autorisé, fut celle d'un esprit supérieur.

L'affection du filleul pour sa marraine se développa du
jour où celle-ci obtint, par ses instances, de faire revenir
dans sa famille et auprès de ses parents le jeune Bernardin
de Saint-Pierre, confié, loin des siens, à un curé de campagne. Ce fut encore à elle que l'auteur de *Paul et Virginie*
dut de recevoir une instruction solide ; c'est elle qui inter-
vint auprès du père désespérant de son fils et voulant lui
faire cesser les études. Il n'avait en effet qu'une idée fort
médiocre du talent de celui qui devait être un jour si célèbre.
Nous pouvons rappeler à ce sujet un trait assez connu. Le
père de Bernardin de Saint-Pierre, passant une fois à Rouen
avec son fils, voulut lui faire voir la cathédrale de cette ville.
L'enfant s'arrêta devant le monument et demeura les yeux
levés en l'air comme en extase. Le père, croyant que son fils
admirait la flèche de l'édifice, lui dit : « Eh bien ! que penses-tu de cela ? — Mon Dieu ! comme elles volent haut ! »
s'écria le jeune Bernardin. Il regardait voler les hirondelles.
Toutes les personnes présentes se mirent à rire de cette réponse et le père, irrité, traita son fils d'« imbécile ».

Le petit « imbécile » n'en fit pas moins de sérieuses
études et justifia les espérances de sa marraine. Elle avait
placé son filleul chez les jésuites à Caen. « Les jésuites, dit
Villemain, aimaient à rendre l'instruction amusante, et
dans les heures d'étude, ils lisaient parfois à leurs élèves
les *Lettres édifiantes,* pleines de descriptions sur l'Inde, la
Chine et l'Orient. » Ces lectures inspirèrent à l'écolier le
goût des aventures et la passion des voyages.

Une autre lecture avait déjà produit sur son esprit l'impression la plus profonde : c'est l'histoire de Robinson. Bernardin de Saint-Pierre l'avait reçue de sa marraine, qui lui faisait des présents de livres. Cet ouvrage devint pour le jeune lecteur un véritable enchantement, et le fit tomber dans toutes sortes de rêveries ; son ardente imagination ne lui laissait plus de repos.

Bernardin de Saint-Pierre.

Cette imagination, aussi bien que la sensibilité et le charme que l'on remarque dans les récits de l'auteur de *Paul et Virginie,* il les devait à la femme supérieure qui lui porta un si vif intérêt dans son enfance. Bernardin de Saint-Pierre disait que « l'aspect de sa marraine, son air de noblesse, son affabilité, ses récits l'avaient fait toucher au grand siècle de Louis XIV. Élevée dans la société des vieux

courtisans de Versailles, elle les avait vus disparaître
avec la grandeur du siècle ; elle se plaisait à raconter des
anecdotes du règne, les exploits de Condé ou les aventures
romanesques du temps de Louis XIV. On se pressait alors
autour d'elle ; sa conversation spirituelle était fort recher-
chée. Ces récits vifs et animés, le singulier contraste de
l'élégance de celle qui contait et de sa misère (la mort de
son mari l'avait réduite à une fortune très modique), la
teinte de mélancolie qu'elle gardait dans sa conversation,
tout cela fit une impression profonde sur l'esprit du jeune
Bernardin. « Sa marraine s'offrit toujours à son imagination
avec toute la majesté d'une reine et la grâce et l'indulgence d'une mère ». C'est comme une mère qu'il la pleura
plus tard. Il composa même pour elle, quoique jeune encore,
une oraison funèbre où il exprima sa reconnaissance et ses
regrets.

———

GIBBON

(1737-1794)

La lecture fut la vie de l'historien anglais Gibbon. Il
fallait, en effet, on l'a fait justement observer, une lecture
immense et soigneuse, une profonde connaissance des monuments, la recherche des matériaux les plus inconnus

pour composer l'histoire « de la décadence et de la chute
de l'Empire romain ». Tel est le titre du principal ouvrage de Gibbon.

Or, c'est auprès de sa tante que Gibbon puisa « ce précoce et irrésistible amour de la lecture qu'il n'aurait pas
échangé pour les trésors de l'Inde ». L'historien anglais
nous apprend que miss Catherine Portheus (c'est le nom
de la tante) était une personne fort instruite, d'un grand
bon sens perfectionné par la lecture des meilleurs livres.
Il rappelle avec bonheur les moments passés auprès d'elle ;
c'est avec un véritable plaisir qu'il évoque le souvenir de
ses jeunes années. Il écrit : « J'éprouve un mélancolique
plaisir à rappeler mes obligations envers cette bonne
femme. Sa tendresse indulgente, sa franchise et ma curiosité naturelle rapprochèrent bientôt la distance entre nous.
Comme des amis du même âge, nous conversions librement
sur toutes sortes de sujets familiers ou abstraits, et son
plaisir et sa récompense étaient d'observer le premier essor
de mes jeunes idées. » Ces derniers mots dénotent assurément une nature généreuse et aimante, aussi bien qu'un
esprit éclairé et exercé à la saine pédagogie. C'est sous la
surveillance et avec l'assentiment d'un pareil maître que
Gibbon put lire tous les livres de la bibliothèque de son
père. « Le titre d'un ouvrage attirait-il mon œil, je tirais
du rayon ce livre d'un poète, romancier ou voyageur, et
miss Portheus était plus disposée à encourager qu'à réprimer une curiosité au-dessus de la force d'un enfant. » Gibbon est si pénétré de l'importance des progrès qu'il fit avec
sa tante et de l'influence qu'elle eut sur tout son avenir,
qu'en parlant d'une de ces années passées auprès d'elle, il

dit : « Elle fut particulièrement favorable à la croissance de mon intelligence. »

On ne peut faire un plus bel éloge de miss Catherine Portheus, ni mieux démontrer non plus l'influence salutaire de la femme en matière d'éducation (éducation physique aussi bien que morale) que de citer ces mots de Gibbon à propos de sa tante :

« Elle fut la véritable mère de mon esprit, autant que de ma santé. »

<hr>

BÉRANGER

(1780-1857)

« Je suis vilain et très vilain, » s'écrie fièrement le poète et chansonnier Béranger en face des émigrés revenus en France, en face de cette noblesse si orgueilleuse rentrée dans ses foyers, après 1815. Et celui qui se glorifie de son humble origine nous apprend pourtant qu'il descendait d'un père fou de royalisme, qui rêvait de faire de son fils un page du roi. Ce n'est donc pas l'influence paternelle qui domine dans l'éducation de l'illustre chansonnier ; ce n'est pas non plus l'influence de la mère, car elle ne s'occupa guère de son fils. Mais Béranger eut le bonheur d'être confié aux soins d'une tante qui demeurait en Picardie, qui adopta l'enfant délaissé et l'éleva comme le sien propre. Aussi avec quelle reconnaissance le poète n'a-t-il pas parlé de celle qui fut pour lui une véritable mère ! Le portrait qu'il nous en a tracé est bien tel que nous aimons à nous le représenter, d'une femme née avec un esprit supérieur et enthousiaste de toutes les grandes choses.

Ce que Béranger apprit de sa bonne tante, ce fut tout

Béranger.

d'abord à lire, et il nous dit lui-même que les lectures étaient sérieuses et choisies. L'enfant, ignorant jusque-là, connut Racine, Voltaire et quelques autres écrivains. Mais la bonne tante s'occupa aussi de l'éducation morale de l'enfant, et cela, nous raconte le poète, « par des leçons sur tous les sujets qu'elle savait approprier à mon âge ». Il rappelle que des citoyens furent une fois jetés en prison à Péronne sous le régime de la Terreur ; la tante alla voir ces malheureux et emmena son fils adoptif. Avant d'entrer, elle lui dit : « Mon enfant, nous allons voir d'honnêtes gens, de bons citoyens

privés de leur liberté par une accusation calomnieuse. J'ai
voulu t'apprendre à combien de persécutions la vertu est
exposée dans les temps de troubles politiques. » Ces quelques paroles ne valent-elles pas tout un cours de morale ?
N'est-on pas de l'avis du poète lorsqu'il déclare que de
pareilles leçons, données ainsi, restent profondément gra-
vées dans les esprits ?

Si l'on veut bien se rendre compte de l'influence que la
tante de Béranger exerça sur l'esprit de son illustre neveu,
l'on n'a qu'à se rappeler certaine scène décrite par le poète
lui-même. Son père était venu lui rendre visite en Picardie,
et il reprochait vivement à sa sœur de donner des sentiments républicains à son fils adoptif; la dispute tournait à
l'aigre ; le père parlait de ses convictions et de ses espérances royalistes, du retour des Bourbons. La tante s'écriait
en désignant l'enfant: « Il ne sera jamais laquais ! » Elle
se glorifiait d'avoir su lui inculquer des opinions libérales :
« Ce sont les miennes, » répliquait-elle avec fierté à son frère
irrité de ce que son fils « avait sucé le lait des plus mau-
vaises opinions politiques ».

On sait si Béranger est resté fidèle à ces opinions et s'il
a oublié ce que lui disait celle même qu'il nous a peinte
comme « une républicaine capable d'une vive exaltation ».
Le chansonnier qui célébra les gloires de la République et
de l'Empire, et qui combattit le gouvernement de la Restau-
ration, fut privé de son emploi, frappé d'amende, condamné
à la prison. La tante de Béranger était également une pa-
triote au cœur ardent; le jeune homme partageait avec
elle, durant son séjour à Péronne, la triste anxiété où la
jetait l'invasion ; de là, l'exaltation patriotique que l'on

trouve chez celui qui écrivit le *Vieux Drapeau* et les *Enfants
de la France*.

Encore un mot sur le poète. Une fois à Paris, Béranger
ne manqua pas de faire des visites fréquentes à Péronne
pour voir sa tante, et il paraît que ces visites mêmes eurent
beaucoup d'influence sur le chansonnier. De là, en effet,
ces chansons à boire, si plaisantes et si joyeuses ; car les
seuls plaisirs des petites villes de province, dit l'aimable
écrivain, sont ceux de la table.

RACINE

(1639-1699)

Le poète Racine peut aussi figurer parmi ces grands
hommes qui sont redevables de leur éducation et de leur
avenir aux « heureux secours » de celle que nous avons
appelée une seconde mère. Il devint orphelin de bonne
heure ; à trois ans il avait perdu son père et sa mère ; il fut
recueilli par sa grand'mère, Marie Desmoulins, et sa tante
Agnès de Thècle. Marie Desmoulins avait jadis accordé
l'hospitalité aux solitaires du fameux établissement de
Port-Royal, lorsqu'ils furent dispersés une première fois
par ordre de l'autorité. C'est par suite de cette circonstance
que la grand'mère du poète se retira plus tard dans ce pieux

asile avec sa fille, Agnès de Thècle, qui devait un jour parvenir à la dignité d'abbesse. C'est là que les deux femmes attirèrent leur jeune parent et firent élever celui que ses maîtres appelaient le petit Racine. Le poète n'oublia pas les soins qu'il reçut de sa tante et de sa grand'mère. Il dit de la première : « C'est elle qui m'apprit à connaître Dieu dès mon enfance. » Pour la seconde, voyez l'éloge qu'il en fait : « Je serais le plus ingrat des hommes si je n'aimais une mère qui m'a été si bonne, et qui a eu plus de soin de moi que de ses propres enfants. »

Racine resta trois ans à Port-Royal et ces années, a dit un critique, furent décisives. « Pour faire *Athalie* il fallait un poète profondément chrétien, élevé comme le fut Racine à Port-Royal. L'auteur d'*Esther* a bien fait voir aussi à quelle école il avait été instruit des vérités de la religion. »

On sait que Racine se brouilla, à un certain moment, avec ses amis de Port-Royal. La tante du poète lui écrivit à cette occasion une lettre bien tendre et bien touchante, et qui ne demeura certes pas sans influence : « Je vous conjure, mon cher neveu, disait-elle, d'avoir pitié de votre âme, et de rentrer dans votre cœur pour y considérer sérieusement dans quel abîme vous vous êtes jeté. »

Ces considérations furent-elles tout à fait étrangères à la résolution que prit Racine, après *Phèdre,* de renoncer au théâtre ? N'y fut-il pas quelque peu déterminé par ses scrupules religieux ? On pourrait retrouver maintes traces encore de l'influence exercée sur Racine par sa grand'mère et par sa tante, et ajouter même que cette influence s'étendit sur toute sa famille. L'auteur d'*Esther* et d'*Athalie* écrivit, outre ses tragédies, l'*Histoire de Port-Royal,* composa des cantiques spirituels, traduisit des *Vies* de saints. Il eut une fille qui prit le voile et qui montra (c'est Racine lui-même qui l'annonce à sa tante) une fermeté au-dessus de son âge. Quant au fils du grand poète, Louis Racine, on lui doit un poème en six chants sur la religion et un autre en quatre chants sur la grâce.

CONCLUSION

Et maintenant, quel enseignement faut-il tirer de l'histoire de tous ces grands hommes et à quelle conclusion peut-on arriver? Les faits sont là pour donner raison à Rousseau, à Pestalozzi, à tous les pédagogues qui se sont efforcés de démontrer l'excellence de l'éducation maternelle. Notre première conclusion est que la mère est le plus habile des répétiteurs et le meilleur des maîtres.

Notre deuxième conclusion, nous l'empruntons à un philosophe anglais dont nous reproduisons la pensée : « Pour instruire l'enfant, il faut instruire la mère. »

Ce sera l'honneur du gouvernement de nos jours de s'être pénétré de cette pensée et d'en avoir compris et proclamé la haute portée. Répandre l'instruction chez les femmes, élever le niveau de leurs études, former leur esprit et leur caractère, telle est la noble tâche entreprise sous nos yeux.

On connaît ce vieux proverbe : « Tant vaut l'homme, tant vaut la terre. » On a bien le droit de dire aussi : « Tant vaut la mère, tant vaut l'homme. » On pourrait même aller plus loin. Dans nos biographies, nous n'avons rapporté que des exemples d'individus isolés. Ne pourrait-on pas citer des nations entières et dire : « Telles mères, tel peuple ? » S'il est vrai, comme dit Bossuet, qu'on ne pouvait avoir plus de courage qu'à Sparte, qui a jamais dépassé en héroïsme et en vertus les mères spartiates ? Si la Révolution a enfanté des prodiges de dévouement et de vaillance, à quelle époque trouve-t-on chez les femmes plus d'élévation de caractère et plus de noblesse de sentiments ? En France, plus que partout ailleurs, on a droit de compter sur la femme dans les circonstances difficiles pour aider au relèvement moral et intellectuel de la nation. C'est par leurs mères qu'ont été élevés les Bayard, les Turenne, les Cuvier, les Lamartine, les Michelet. C'est aux mères que nous demandons les Bayards, les Turennes, les Cuviers, les Lamartines, les Michelets de l'avenir.

TABLE DES MATIÈRES

	Pages.
Introduction	3
Les Gracques	13
Marc-Aurèle	24
Saint Augustin	35
Saint Louis	44
Henri Estienne	57
Henri IV	69
Marmontel	82
André Chénier	95
Schiller	103
Gœthe	114
Napoléon Ier	124
Chateaubriand	137
Lamartine	149
Littré et Michelet	164

AUTRES GRANDS HOMMES

(Simples notices)

Bayard	179
Turenne	182
Linné	186

	Pages.
Frédéric II	190
Washington	192
Parmentier	194
Pestalozzi	197
Cuvier	200
Walter Scott	203
Ary Scheffer	205
Mendelsshon	209
J. de Maistre	211
Charlet	213
Brizeux	216
Henri Heine	218
LES SECONDES MÈRES	221
CONCLUSION	233

SOCIÉTÉ ANONYME D'IMPRIMERIE DE VILLEFRANCHE-DE-ROUERGUE
Jules Bardoux, directeur.